[韩]郑恩珠/著 张倩瑜/译

当孩子不顺我心时

朝華出版社

图书在版编目（CIP）数据

当孩子不顺我心时 /（韩）郑恩珠著；张倩瑜译.
－北京：朝华出版社，2014.3
ISBN 978-7-5054-3664-0

Ⅰ．①当… Ⅱ．①郑… ②张… Ⅲ．①家庭教育
Ⅳ．①G78

中国版本图书馆CIP数据核字(2014)第023968号

著作权合同登记图字：01-2013-2509

BOOK TITLE：아이가 내맘같지 않을 때
Copyright © 2010 by login book & Eunjoo Jung All right reserved.
Original Korean edition was published by login book
Simplied Chinese Translation Copyright © <2011> by 北京学识盛益文化发展有限公司
Simplied Chinese translation rights arranged with login book through AnyCraft -HUB Corp.,Seoul,Korea & M. J. AGENCY

当孩子不顺我心时

作　　者	〔韩〕郑恩珠
译　　者	张倩瑜
选题策划	杨　彬
责任编辑	楼淑敏
特约编辑	于晓艳
责任印制	张文东
封面设计	胡椒设计
出版发行	朝华出版社
社　　址	北京市西城区百万庄大街24号　　邮政编码　100037
订购电话	(010) 68413840　68996050
传　　真	(010) 88415258（发行部）
联系版权	j-yn@163.com
网　　址	www.blossompress.com.cn
印　　刷	北京彩虹伟业印刷有限公司
经　　销	全国新华书店
开　　本	889mm×710mm 1/16　　字　数　190千字
印　　张	14
版　　次	2014年9月第1版　2014年9月第1次印刷
装　　别	平
书　　号	ISBN 978-7-5054-3664-0
定　　价	32.00 元

版权所有　翻印必究·印装有误　负责调换

序

没有跟我想法一样的孩子

　　我有三个让我既骄傲又自豪的孩子，两个听话懂事的儿子，还有一个漂亮的女儿。这三个孩子都是在很有名的学校读的本科或研究生，最小的女儿还在读大学，两个儿子现在都已成为了非常出色的社会成员。可是，在养育这几个孩子的过程中，我却真切地感受到了很多时候孩子的想法跟我完全不一样。也曾有过心情沮丧的瞬间，担心得失眠的夜晚，伤心得不知道该怎么办的时候……可是作为妈妈的这30多年，教会了我一样很重要的东西，那就是在培养孩子的过程中，重要的不是"我的想法是什么"，而是"我下了多大的决心"。对孩子该严厉的时候要严厉，但是也要给孩子自由选择的机会，这样孩子才能更好更健康地成长。

　　偶尔也会看见那些放任孩子成长的父母，可能大家的想法不太一样，但还是觉得有些可惜。那些完全"自由"成长的孩子很少是心理特别健康的。而得到父母适当的指导与关爱的孩子，会比那些自己成长的孩子，学习成绩更好，心理也更成熟。

　　在教育孩子的过程中，你会发现孩子活动的舞台以惊人的速度变化着。未来社会需要的是具备多种能力的复合型人才，以及拥有自己个性鲜明的东西。就是既要突出个性，又要与大家融为一体；既具有领导的潜质，又能作为社会成员贡献自己的一份力量。如果能培养出这样内心坚定、态度温和的孩子，作为父母的我们就是成功的。

为了培养这样的孩子，我们需要做些什么呢？作为父母，首先应该深入了解孩子，其次要了解一些基本的学习方法，这样才能成为孩子最坚实的后盾。这些就是我要在这本书里介绍给大家的"积极的养育方式（Positive Parenting）"的核心内容。积极的养育方式，是指要主动了解孩子并差异化培养，思索并找出孩子最需要的是什么，引导孩子拥有自己的信念。把以上两点总结如下：

第一，要了解并理解孩子。

在养育孩子的过程中，会遇到很多自己不能理解的状况，看到的总是孩子的缺点。有很多时候会认为孩子很不懂事，不能体谅父母的心情。

有的孩子会在放学回家的路上，把朋友们一个个都送回家，并且乐于帮助身边的朋友解决困难，这在妈妈看来可能是在浪费时间，并为此感到很担心。可是，当这位妈妈去学校的时候，孩子的班主任却对孩子的领导力与包容性赞不绝口，还多次强调孩子是同学们的榜样，让妈妈诧异不已——这是我那为人大方、人脉丰富的大儿子的故事。这些在妈妈看来可能是缺点的行为，从另一个角度来看反而成了不可比拟的优点了。

还有的孩子酷爱看书，好像把功课都荒废了，这也让妈妈很担心。妈妈会想"每天就这么一直看书，什么时候学习啊"，在妈妈的眼里太爱看书反而对孩子不益。可是，随着时间的推移，妈妈会醒悟：这不过是杞人忧天罢了，因为孩子的语言能力与写作能力开始崭露头角，而且在学习方面的注意力与理解力都有提高，到哪儿都会受到表扬与认可。这就是我女儿的故事。

有的孩子性格非常活泼，在朋友中很有人气，有的时候也会让妈妈担心孩子会把学习放在次要的位置。可是，孩子的组织能力却很强，受到了同学和老师的瞩目，在班级的运动队中担任队长的角色，也因此结交了很多好朋友，随着孩子年龄的增长，重心也渐渐转移到了学习上。正如您猜测的一样，这是我小儿子的故事。

所有的孩子都是一样的。有些父母认为孩子的特性是缺点，并因此而担忧，其实没有那么严重，父母们需要具备优秀的培养才能。想要培养出优秀的孩子，最重要的就是要从这种"非黑即白"的老旧思想中摆脱出来。不管遇到什么事情，都能以"啊，还有这种可能"的开放性心态努力地去理解孩子，就不会再为"到底该怎么样培养孩子"而困惑了，自然而然地就知道该怎么做了。这种灵活变通的心态与方式，是培养优秀孩子的第一步。

第二，了解学习的基本方法成为孩子坚实的后盾，是非常重要的任务。

古今中外，学习是决定孩子社会生活能否成功的第一要素。在某些领域，或许也有不学习就能成功的案例，但这是极为罕见的。

学习好并不单纯意味着有好的学习成绩。因为大家都知道知识丰富、善于思考的孩子比其他孩子更有发展前途。很多父母都想帮助孩子好好学习，但是却不知道什么才是最有效的方法。我也曾经责备我的女儿"别只顾看书了，要好好学习"，过后我知道，读书其实也是学习。在刚做妈妈的时候真是犯了很多这样的错误，现在也是因为经历了很多次自我反省的过程之后，才能这么有信心地来说教育孩子这件事。

先要了解学习的方法，并不是让父母从现在开始重新学习，也不是说代替孩子学习，更不是对孩子的学习时时刻刻去干预，而是要给孩子提供坚实的力量及"有营养"的帮助。父母了解了学习的方法后，可以帮助那些只想睡觉、被运动占去时间、指东打西、只顾玩电脑忘了时间的孩子培养良好的学习习惯，同时让父母知道什么时候需要出面、什么更为重要和次要，使父母不再焦躁，有了引导孩子走向正确道路的自信。

为了详细说明积极学习法的两大脉络，我把书的正文也分成了两大部分。前半部分为"我是孩子篇",对积极学习法的第一核心要素"了解并理解孩子"做了详细说明。通读第一章"没什么特别才能"与第二章"做什么都不满意",就会发现问题不在于孩子,而在于父母看待孩子时的扭曲视角。后半部分为"孩子学习篇",介绍了积极学习法的第二核心要素"了解学习的基本原理,才能成为孩子坚实的后盾"。通过第三章"不爱去上学"、第四章"对学习完全没兴趣"、第五章"虽然努力了但成绩还是没提高",介绍了帮助孩子学习的各种对策与适用于孩子的实际方法等。如果父母能以积极的心态仔细观察孩子的学习,肯定不难知道该怎样帮助孩子,什么样的方法才是适合孩子的方法。

在此,对本书出版之前一直给予我鼓励与帮助的家人与朋友们,表示衷心的感谢。对一直大力支持我学术研究的公公婆婆,最亲爱的孩子们与丈夫,以及我的兄弟姐妹们表示最真挚的感谢。还要特别感谢一直相信我、爱着我的母亲,以及远在天堂的父亲。最后,要感谢出版社的所有工作人员,感谢你们把我艰难晦涩的文字修改得通俗易懂,以及为本书的出版付出的心血和劳动。

郑恩珠

目录

序
没有跟我想法一样的孩子

第一章
没看出有什么特别的才能

遗传因子与环境的奇妙结合体——我的孩子…………2
挖掘出孩子天生的才能，很容易确定孩子的方向…………7
别自信地认为自己十分了解孩子…………15
没有现实基础的宏大梦想毫无意义…………19
不要错失引导孩子的机会…………24
领导力不是天生的，是可以培养的…………27
积极肯定的经验，有助于孩子的头脑发育…………31
按照孩子特有的尺度称赞与责备…………36
特别提示 让孩子摆脱狭隘，拥有更广阔的视野…………40

第二章
孩子做什么都不满意

孩子们大部分都是以自我为中心的…………44
否定的示范会强化孩子否定的行为…………48
孩子的自制力，是要由父母训练的…………54
孩子思考的力量，由父母决定…………58
不想让孩子成为笨蛋的话，就不要叫孩子笨蛋…………61

想要纠正孩子的行为，首先找到问题的关键…………64
即便是琐碎的家务事，对孩子来说也是有益的经验…………67
即便是兄弟，所处的情况也截然不同…………70
以家庭为单位一起行动，孩子的心里会更踏实…………73
制订家庭内部规定，按照规定执行…………77
特别提示 你完全可以成为一个好妈妈…………83

第三章
一点都不想去上学

父母的信任决定孩子的成就…………90
对孩子保持较高的期望值…………93
重要的不是学校，而是学习的质量…………96
孩子说上学没意思，肯定是有理由的…………99
孩子特别想要得到认可，说明他很孤独…………103
孩子在朋友中特别受欢迎是有原因的…………106
帮助孩子保持成功的人际关系的方法…………109
培养努力的孩子，而不是聪明的孩子…………112
在尽可能的范围内，给予孩子选择权…………115
特别提示 成为严格的教练，狂热的支持者，智慧的导师…………118

第四章
心思不在学习上

时间管理做不好，学习也不能好…………122

不要过多地依赖学习外的课外辅导…………127
专注于外貌，无法集中精力学习的孩子…………130
学习，首先要有好心态…………133
父母首先需要了解的学习方法…………136
经验丰富的孩子更善于学习…………139
有效营造物质性学习环境的方法…………143
影响孩子学习成绩的心理环境…………147
体力起伏不定，成绩也随之变化…………152
提高孩子成绩的课外辅导的关键…………157
特别提示 留学的成败，取决于父母如何引导…………160

第五章

努力地学习，但是成绩却没提高

要了解学习的方法，而不是窍门，成绩才能提高…………170
学习好必须了解的3条原理…………177
学习的基本条件1：集中…………182
学习的基本条件2：记忆…………189
学习的基本条件3：背诵…………191
学习的基本条件4：准备程度…………194
学习的基本条件5：反复…………197
学习的基本条件6：计划…………200
学习的基本条件7：做好自己擅长的事情…………203
学习的基本条件8：时间…………207
学习的基本条件9：解决问题的能力…………210
特别提示 引导孩子学习的方法概要…………213

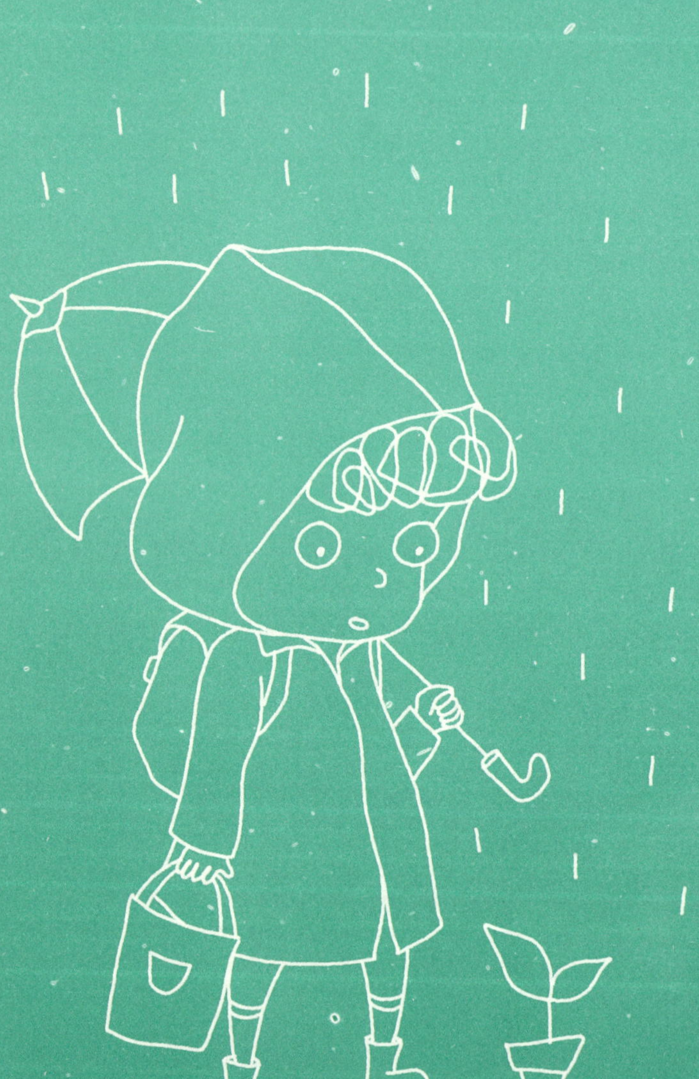

第一章

没看出有什么特别的才能

遗传基因与环境奇妙的结合体——我的孩子

"孩子跟你一样都是数学不好！"

"你看看孩子笔挺的鼻子多像我！"

"哎呀，要是像爸爸就好了，怎么就像妈妈了呢？"

这些话大家经常能听到吧，这是理所当然的事情啊——不像爸爸的话，肯定就像妈妈了，也可能像阿姨姑姑，或者是爷爷外公，自己的孩子肯定是像自己家人的。

作为父母，应该了解自己孩子的个性与才能，对于孩子将来成为什么样的人要多费心。可是，孩子会以什么样的方式长大，其中一部分已经由先天因素决定了。青春期开始得比较早，有突出的语言表达能力，数学特别不好等，绝大部分是由从父母那里遗传来的基因决定的。

基因与环境的影响大约是50:50

基因与环境对人的影响大概是50:50的比率。以先天遗传的50%为基础，把另外的50%环境性要素处理好，就能让孩子100%成为一个优秀的人，这是父母最重要的任务。因此，父母最应该关心的不是怎么样抚养孩子，而是怎么样帮助孩子，该给孩子什么样的经验才能让孩子把自己的50%充分地发挥，并彻底挖掘余下的50%的能力。

　　这种说法揭示了很多可能性。孩子从出生起就已经具备了一半的能力，父母要认可这部分的能力，只要把孩子没有的另一半能力培养起来就可以了。实际上，不同的生活环境与经验会让孩子按照完全不同的方式成长，以何种方式摄取营养，在何种环境下生活，有多大的压力等，决定了孩子发育的速度与状态。即便孩子有一定的遗传因素，但是在不同的环境下，这些遗传因素可能会表现得比较明显，也可能完全看不出来。

　　举例来说，有些天生具有攻击性的孩子，如果在有攻击性的父母身边生活，在家庭暴力的环境下，以后也很有可能成为具有攻击性的人；但若能在温暖和睦的家庭环境中成长，与生俱来的暴力倾向可能完全不会表现出来。本身散漫的孩子也是一样的，在散漫的家庭或散漫的环境中成长，孩子就会变得更加散漫，每天都忘记准备上学要用的东西，甚至忘记考试的时间，还有可能因为上课时举止散漫，被老师责备，这些孩子会为了引起别人的关注，一直持续这样的恶性循环。可是，即便先天有散漫倾向的孩子，如果能在冷静理智的父母身边，有固定的生活节奏，就不会表现出散漫的倾向。这个遗传因素与环境奇妙的结合体就是我们的孩子。

想要发掘孩子的才能，首先要了解孩子

想要发掘孩子的才能，首先要了解孩子与生俱来的倾向是什么。这种与生俱来的倾向，可能会在环境的影响和主观努力下改变一部分，但是基本上会保持一定的持续性与一贯性。

有些孩子爱冒险，有些孩子却谨小慎微；有些孩子爱批判，有些孩子却喜欢跟随别人的步伐；有些孩子尖酸刻薄，有些孩子却心地宽厚。因为孩子都是在不同的父母身边出生长大，这是必然的。可是，如果父母不能了解孩子的个性，一直执着于错误的教育方式的话，既不能达到预期的目的，还会给孩子增加精神负担。

生性外向的孩子不会因为某些刺激就转变成内向的性格，可能外向的程度会慢慢发生变化，但是很难突然发生转变。内向的孩子也会根据不同的情况，努力变得活泼开朗，但也不会发生明显变化，跟朋友们一起玩的时候，也许心里想的是"快点结束吧"。

孩子的天性是很难后天扭转的，因此，不管父母对于孩子的未来有什么样的期待，或是想要给予孩子什么样的帮助，最好以不违背孩子的天性为前提。为了更好地提高教育成果，首先应当接受并尊重孩子的个性。如果想要改造孩子的个性，就需要制订长期的计划循序渐进地实行。如果孩子还是不能按照父母的想法慢慢转变，那就有必要进行反思。在教育孩子的过程中，父母要将自己定位于发掘孩子天性的辅助角色，才能起到良好的效果。

即便目的相同，也要根据孩子的个性使用不同的方法

有一个性格非常内向的小学生，他腼腆安静，很怕在众人面前表达自己的想法，却可以跟好友絮絮叨叨说个不停。妈妈很担心，"我们家孩子表达能力太差……"，后来就把孩子送到了演讲培训班。一般来讲，学习了演讲之后，孩子的自信心会得到强化，思维也会清晰明了，可以提升个人的语言表达能力。可是，对于这个内向的孩子来说，演讲却是大大的煎熬，需要强烈的抑扬顿挫与夸张的肢体语言在许多人面前大喊大叫，让孩子觉得很恐惧也很疲惫，没有足够的信心做好这件事。最终孩子的表达能力不但没有提升，反而开始恐惧学习演讲，其他人在各种各样的演讲比赛中屡屡捧得奖杯而归，自己却次次空手而返，这让孩子变得更加内向。

这么说来这个孩子在演讲培训班中学到的到底是什么呢？自卑感、对于演讲的厌恶、对强迫自己学习演讲的父母的怨恨，这与妈妈期待的自信心或是表达能力相去甚远。

这种事情是很常见的，因为父母并不了解孩子。孩子在年纪还小的时候，自身个性并不稳定，目标也不明确，大部分孩子都是在父母提供的环境中，毫无选择地生活着，很难有机会表达自己的个性。如果能用心观察、理解孩子，很多问题是可以避免的。如果孩子天生内向，孩子想学什么就教什么，通过这样的模式对他进行个性化的教育。事例中的妈妈如果能认可、尊重孩子的个性，并以此为出发点，就不会送孩子去学习演讲，而是会寻找更好的方法。

为了提高孩子的表达能力，即使目标相同，也需要根据孩子的个性选择不同的方法。举例来讲，可以让孩子写出自己的想法，并在家庭成员面前表达出来，或者让孩子把自己写的故事用有趣的形式表演出来。对于内向的孩子来说，能站在别人面前发出自己的声音，已经是非常了不起的挑战了，这

种自信心对于提升表达能力是非常有帮助的。

与生俱来的性格，与其改变，不如培养成与众不同的个性

很多父母都希望"我们家孩子要是成为这样的孩子就好了"，却对"我们家孩子到底是个什么样的孩子"漠不关心。

如果孩子没有某方面的天赋，即使父母努力教育，提供更好的条件，成功的机率也不会很高。

怕水或者再怎么教也不能漂在水上的孩子，还有必要去学习游泳吗？每当去学钢琴的时候就觉得肚子疼，可能孩子就不适合学钢琴。让不喜欢运动的孩子去学跆拳道或者芭蕾，或者让活泼好动的孩子一动不动地下象棋或者写书法，完全是出于父母的期望而强加给孩子，不会取得任何成效，只会浪费很多宝贵的时间。

天生的倾向不是需要完善的缺点，而是需要培养的个性。即便不符合父母的价值观与期望，也不能把这些倾向看成是孩子的缺点。希望父母宽容地接受孩子的个性，并在此基础上更好地引导孩子走向成功。提高孩子成功的机率，培养有天赋的孩子，没有父母的督促和提醒，他们也能很高兴地去做。这就是给父母的第一个任务。

希望从今天起能更加客观地看待并细心观察孩子。

挖掘出孩子天生的才能，
很容易确定孩子的方向

　　根据孩子天生的才能不同，孩子的个性与未来的方向也不尽相同，这会直接影响孩子未来的发展与职业的选择。父母找到孩子的才能并通过恰当的方式进行培养，是在为孩子的一生打下良好的基础，是非常重要的。所谓孩子的才能是指为了达到成功必须进行的有自己特色的学习。每个孩子都有自己特有的才能，但是在发掘和培养的过程中需要各自不同的方法。

　　认可并尊重孩子的个性，很容易就能找到孩子的才能，这需要父母从毫无偏见地观察孩子开始。想发掘孩子的才能或者长处，引导孩子走上成功的道路，需要父母积极地投入精力。

　　为了挖掘孩子的潜能，强迫孩子去做不擅长的事情，只会让父母与孩子都有负担，对孩子未来的发展也没什么益处。强迫孩子做自己不喜欢的事情，仔细考虑一下，你会发现失去的比得到的要多。

　　想要教孩子东西的时候，可以制作一个下面所示的利弊表格，整理一下思路。利用这个简单的表格，可以清晰地看出这件事的所得与所失。每当我遇到很难做决定的事情时，都会制作一个这样的表格来比较一下，多方面考虑并整理思绪。

　　那么现在该思考一下为了找到孩子潜在的才能，我们该怎么做。

所得	所失

不要错过孩子的日常生活，仔细观察

　　每天都跟孩子在一起，很容易就淹没在琐碎的日常生活中了。尤其是一次抚养几个孩子，喂孩子吃饭，帮孩子洗漱，送孩子去幼儿园等，每天都忙忙碌碌，很难发现孩子的特色。有时即使看到了孩子的特色，可如果这不是父母所期待的，往往在发现的那一刻就被否认了。

　　孩子从小就喜欢跳舞，一支舞蹈很容易就能学会，这就说明孩子在跳舞方面很有天赋。可是，父母不喜欢孩子跳舞，问孩子"想学习还是想跳舞"，这样一来，跳舞还没成为孩子的才能呢，就会让孩子产生"妈妈不想让我跳舞"或者"只有爸爸妈妈不在的时候才能偷偷地跳"的想法。因此，就算孩子再有天赋，可是父母并不认可，就完全发现不了孩子的才能。在发掘培养孩子的才能方面，既需要父母开放的心态也需要积极的引导。

　　如果想找到孩子潜在的才能，就不能错过在日常生活中的仔细观察。父母需要去了解一下在日常生活中孩子最喜欢什么，在哪方面花费时间更多，哪方面做得比较好，这就是孩子的才能。在决定要不要培养孩子这方面才能的时候，可以通过下面这三个问题来思考一下，说不定会有帮助。

● **发掘孩子才能与未来发展方向的三个问题**

  问题1. 孩子有天分吗？
  问题2. 孩子对这件事有兴趣吗？
  问题3. 孩子可以做一辈子吗？

  如果前两个问题的答案都是"是"，就可以说明孩子在这个方面还是有一定才能的。不管是什么事情，只要孩子擅长并且有热情、有兴趣，那么孩子在这个方面就是有才能的。例如，孩子喜欢绘画，不管什么材料都能加以利用进行创作，这点就能显现出孩子在绘画方面的天赋，如果他的绘画作品被老师选中，展示在学校的宣传栏里，甚至参加绘画比赛获奖，就更能证明孩子的绘画才能。

  要想把孩子的才能作为今后的发展方向，上面三个问题的回答必须都是肯定的。也就是说即使孩子有绘画的天分，可是孩子不喜欢绘画，或者父母和孩子不希望一辈子都画画，也就没必要把时间和精力浪费在这方面了。如果孩子有天分又有热情，就需要慎重地考虑是不是可以作为一生的事业。才能虽是天生的，但也需要后天的努力，通过努力可以得到提升，不努力就会退步。因此，就算孩子有某方面的天分，那是不是适合作为孩子一生的事业，就需要认真仔细地考虑清楚了。

  我的孩子像他爸爸一样擅长唱歌，有天分也有热情与兴趣。可是我跟孩子都不打算把它作为终身的事业，只想作为兴趣来培养。要是学习好又擅长音乐，可能对孩子的多方面发展有一定好处，于是我就很爽快地答应他学习声乐，参加学校的合唱团，因为我想让孩子度过一段愉快的学生时光。现在他把音乐当成兴趣，成为一种享受。

简而言之，不管孩子的天分如何，从孩子擅长的方面着手发掘。没必要强迫孩子去做办不到的事情，更没必要把孩子会的东西全部培养。有必要的就培养，如果实在没什么必要，就让孩子轻松地享受好了。

以这样的心态去看，就会发觉让孩子什么都做而且什么都要做好是件多么浪费时间的事情。孩子擅长的，想要终身去做的事情就让孩子努力做好，若只是作为兴趣，就可以灵活一点去培养，这样就避免了大家在时间与精力上的浪费。

了解一下，这对孩子来说是不是必需的

发掘了孩子的才能，并明确这是不是孩子终身去做的事情，那从现在起父母的角色就非常重要了。作为养育孩子的父母，谁都曾经烦恼过，该怎么做孩子才能更聪明，学习能更好，让他的人生更成功呢？于是很多父母把自己认为好的东西不管是什么统统提供给孩子，认为父母能做的事情就是这些。可是，父母肯定不可能把世界上最好的东西提供给孩子，而且，即便能做到，对孩子来说也不一定就是好的。孩子需要的东西，是在适当的时间，给予适当的帮助，这个分寸该如何拿捏，需要父母去认真地思考。

我在孩子还小的时候也曾经苦恼过到底让孩子学点什么。我让大儿子学习剑道，女儿去学芭蕾，小儿子去学习游泳。那时候我就觉得孩子必须学习这些东西，对以后肯定会有帮助的。可是，孩子却不能理解学习这些东西

对今后能有什么帮助。我现在也在反省，当时应该把精力集中在重要的事情上，其他没必要的事情应该果断地放弃。

大儿子每天一早起床去学剑道，晚上要将课外辅导以及学校留的作业全做完才能爬上床去睡觉，每天都因为睡眠不足迷迷糊糊的。女儿是从小学三年级开始学芭蕾的，她说自己在一群三四岁的孩子中间就像巨人一样，感觉很难堪。为了减少小儿子对水的恐惧，我做了很多努力才把他哄去学游泳，可是现在他也并不十分喜欢游泳。

由此看来这或许都是父母们过分的期望吧，总是以为"为了孩子，做这些都是值得的"，投入时间和费用让孩子学习的东西，可能对孩子的人生并没有什么意义。因此，我们首先要考虑的不是要为孩子做什么，而是孩子需要的到底是什么。

创造一个只有我的孩子才能做到的"某件事"

要想让孩子过得好，就必须让孩子具备一个特有的"利基（niche）"。所谓niche，字典中的解释是"缝隙，适合的场所，合适的位置"。如果自己的孩子能有其他人没有的，只有他自己能做到的事情，就比其他人领先了，所以父母们要努力地去寻找"只有我的孩子能做的事情"。把孩子擅长的东西累积，自然而然就会发现孩子的发展方向了。

---

*利基是英文名词 "Niche"的音译。Niche来源于法语。法国人信奉天主教，在建造房屋时，常常在外墙上凿出一个不大的神龛，以供放圣母玛利亚。它虽然小，但边界清晰，洞里乾坤，因而后来被引来形容大市场中的缝隙市场。在英语里，它还有一个意思，是悬崖上的石缝，人们在登山时，常常要借助这些微小的缝隙作为支点，一点点向上攀登。20世纪80年代，美国商学院的学者们开始将这一词引入市场营销领域。

像这样表现出来的特质，或是父母积极培养出来的特质，是伴随孩子一生的特质，这种特质正是孩子所具备的竞争力。特质是指在集体中，即便是默默无闻也能够清晰地凸显出来，让孩子表现出众的个性。家长加强培养孩子的先天性格倾向及才能，是教育孩子的首要任务。

我的大儿子从小时候就表现出宽厚冷静的性格，有很强的分析能力。为了发挥他的优点，他学了经济学与金融专业，现在作为金融分析师就职于世界数一数二的网络公司，做着一份能发挥他优势的工作，即便是在分秒必争的情况下，面对堆积如山的工作也能稳如泰山地冷静处理。

我女儿在大学四年级的时候，就已经在美国三大银行之一的纽约曼哈顿公司实习，并且在实习后被正式接纳加入公司，她擅长把工商学与经济学相互联系，具备一定的洞察力与魄力。

我小儿子因为判断力与亲和力非常突出，所以选择了经营管理专业。准确的判断力与亲和力就是他的亮点。

孩子是否喜欢数字，是否喜欢阻止朋友间的争吵，是否喜欢玩电脑，是否喜欢做手工，要从小仔细地观察。排除好与不好，不要考虑父母喜欢不喜欢，从孩子所表现出来的东西中准确地选择两样是非常重要的。父母需要用客观的眼光去观察孩子，用敏锐的判断力去分析孩子。

孩子的亮点与发展方向不是一天内形成的。在多次尝试后，找出孩子有热情又喜欢，也做得非常好的事情。这件事情最好在孩子五六岁时开始比较好。给孩子提供多种多样的场景，找到孩子的亮点，对于父母来说再也没有比这更重要、更快乐的事情了。

学校学习+发展方向，直接影响未来的大学入学

父母对孩子花费的热情与投资，大部分都是为了能让孩子进入一所好大学。虽然大学不是人生的全部，但是迄今为止，学历与在社会上能否取得成功基本是息息相关的。父母搜集信息的能力决定着孩子的竞争力，如果父母有准确的信息并给予相应的支持，孩子就能很容易得到自己想要的东西。领先别人一步的父母，不是漫无目的，而是能提供智慧的帮助。

在孩子进入好的大学这方面最重要的是什么呢？社会活动？领导力？课外辅导？韧性？都不是。肯定还是学习成绩。近几年除了考试成绩之外，社会活动以及获奖经历这些加分因素也慢慢兴起，可是学习成绩不好的孩子，即使做再多的社会活动，有再多的课外辅导也很难进入好的大学。因此，孩子最重要的任务就是取得好成绩，提升实力。

有自己发展方向的孩子，成功的可能性更大。父母的工作就是在确定的目标上给予一定的指引。要是想教给孩子一些新东西，首先要了解孩子现在做的是什么，需要具备什么素质，还需要仔细考虑一下这与孩子的人生目标是否一致。

首先把现在正在做的事情写出来。仔细观察一下，你是不是发现了可以把这些链接起来的一条线或者一种模式？再加上这次要新学的东西，怎么样，有没有新的发现？经过这样的过程，也许你会摆脱那种总感觉少教了孩子东西的不安。因为与发展方向相违背的东西是没有必要的了。

孩子除了上学学习之外还有很多事情要做，但是不管做什么都要与最终的发展方向相关联。在孩子周围发生的所有事情，都要像齿轮一样相互咬合才能成功。没有必要要求孩子什么都要做好，把所有能经历的都经历一遍，在所有的方面都能崭露头角，这是父母的心愿，但是这样只能让孩子身心疲

急，对于孩子长期性的发展没有任何意义。如果把孩子"成功的人生"定为终极目标，首先要把重心放在学校学习上，其他的活动在确定好发展方向之后再调整才是正确的。

小贴士

发掘才能要从幼儿园开始

发掘孩子的才能要从孩子进入幼儿园，有了认知能力或者社会性，可以参加集体生活时开始。从那时起可以开始试探孩子的各种能力，观察孩子的倾向和展露的才能。之后慢慢地确定方向，小学、中学及高中时期逐渐向正确的方向引导孩子。作为父母肯定想尽早发掘孩子的才能，但是却不能过于心急。因为这是孩子一生要做的事情，不能操之过急，确定好方向，慢慢开始为好。

别自信地认为自己十分了解孩子

父母总认为"我的孩子我最了解",可是很多时候这都是父母的错觉。这种想法在孩子出生后的一两年内基本上还是对的。可是,当孩子再大一点的时候,他们的生活变得丰富多彩,接触的事物多了,情况也就发生变化了。孩子在幼儿园或者学校,说什么做什么,怎么跟朋友相处,学习态度如何,想法怎么样等,这些父母都不知道或者根本想象不到。随着孩子一点点长大,父母了解的反而不如孩子的朋友或者老师知道的多。因此,不要轻易断言自己最了解孩子。当你对孩子了解得越多,就会发现对于孩子的很多看法越需要修正。

由于父母不能客观对待而引发的错觉

当老师面对几十名甚至上百名学生的时候,可以从大的角度上观察孩子。站在讲台上,教室里所有的孩子尽收眼底,学习好的孩子、需要更加努力的孩子、淘气的孩子等这些细微的差别全能了解。父母们一般会认为"老师肯定不会对我们孩子另眼相待,还是我更了解孩子"。其实父母很难客观地看待孩子，而且父母并不了解孩子在外面表现出来的社会性和态度等。因为父母对于家庭与社会中孩子的成长与变化的敏锐性，有一定限制。

很多情况下父母很难摆脱"我们家孩子不是那样的孩子"的想法，父母很难爽快地接受自己孩子的与人相处不太好，或者对于音乐完全没有天赋等现实。因此，"你没做错什么，你的朋友们为什么排挤你呢"这样包庇保护孩子，或者"你怎么能不会音乐呢，怎么能偷懒"这样不断地督促孩子，最终只会妨碍孩子的发展。

对生活在现实中的孩子寄予不现实的茫然期望，就会导致孩子很难有大的发展。因此即便孩子与自己的想法不一样，不能令我们满意，父母也应该退后一步理解孩子，尽可能冷静地做出判断。

让孩子做个自我介绍

让孩子做个自我介绍，就会发现父母所想的与孩子自己的想法是多么的不同。这不仅可以帮助父母反省自己有没有想错的地方，而且对于找出正确的教育孩子的方式，确立孩子的发展方向等都很有帮助。自我介绍可以锻炼孩子的分析能力，并能反映出孩子的取向、性格等，还可以总结孩子经常从周围人那里听到什么话，以及孩子对此的接受程度等。以此为依据，设定孩子的发展方向，可以形成孩子与父母之间稳固的纽带关系。

能在父母面前大大方方地做自我介绍最好不过，如果可以独立冷静地写出来也不错。这要按照孩子的特性来选择方法，才能获得相应的效果。而且，听或者看孩子的自我介绍的时候，要尽可能地保持客观与冷静。

要是不能完全听取孩子的想法，而是戴着"有色眼镜"来看待的话，就很难找出适合孩子的发展方向。

- 在孩子的自我介绍中需要注意的要点
    ——能否看出属于孩子的模式与发展方向
    ——能否看出孩子可以成为有助于社会的人

不用八面玲珑，只要擅长一方面就好

"我的绰号是书虫。我想好好学习以后做个教经济学的教授。我的伙伴在学习上有困难，我基本上每天都去帮助他学习。这个朋友上次期中考试的成绩提高了很多，我真高兴。我的爱好是下象棋。我有一个关于象棋的博客，可以跟其他人相互交流。我还读过很多跟象棋相关的书，有的时候还在棋院里结交一些大人棋友，他们都很喜欢我。"

这个孩子的自我介绍中有自己的主题，他更看重学习，还有帮助朋友的热心。而且，在下象棋的过程中，还可以看出孩子对大人的尊敬。这个孩子已经很好地掌控了自己的生活，在自己还没意识到的时候，已经有了自己的发展方向，父母要做的是给予实际而细化的支持。

可是，大多数的孩子并没有明确的方向，广泛涉猎于各种学习与课外辅导中。父母野心勃勃地让孩子做这个做那个，可能会的东西比较多，但是很难找到他擅长的方面。这种孩子的自我介绍肯定会很混乱。

"我想长大了之后当个企业家。我从小就学小提琴，现在拉得还不错。钢琴已经学完了拜尔钢琴教程下册，打算开始学车尔尼教程。我也非常喜欢运动，这次跆拳道还得了蓝带。之前还学过一段时间象棋，最近总跟朋友们切磋。一直在学英语,现在简单的对话基本上没什么问题了。从上个月起,开始学韩语和日语。现在也在认真地学习演讲,我想好好努力去参加比赛获得个奖项。最近还跟朋友们一起在学滑冰,今年暑假打算去做一些公益活动。"

这个孩子通过各种各样的经验,成长得八面玲珑,可以看出来父母花费了很多心思培养孩子。可是,属于孩子自己的特色却很少。孩子最擅长的是什么,为了达到目的需要做什么等等这些完全理不清头绪。培养孩子多方面的竞争力反而失去了属于自己的特色。所以说选取孩子最擅长的一两样,认真培养才是当务之急。

很多时候我们想把什么都做好,反而是什么都做不好。聪明的孩子只要一两样做到能让别人认可称赞就好了。成为朋友的榜样,成为有助于社会的人,而且不管父母是否有要求,整个过程都能自己控制。在发现并发展自己特色的过程中,孩子可以感受到尊重感,因而更能调动其积极性和自觉性。

想要孩子尽快成长,就要帮助孩子让他学习好、性格好,还要积累很多经验。在这里需要父母的绝对支持。这么说的话就有很多父母会让孩子去学这学那,还要参加很多课外辅导班了。如果父母找不到重点,或是别人说好就让孩子去做,就很难确保孩子独有的竞争力,而且孩子最为重要的兴趣与个性被抹杀了,专注于周围人的目光。希望父母记住不要试图把孩子培养得八面玲珑,只需要选择一两样进行集中培养就行了,这是培养孩子的捷径。

没有现实基础的宏大梦想毫无意义

如果让妈妈们具体描述一下自己的孩子会长成什么样的话，很多时候可能会听到出乎意料的回答。

"学习成绩很好，要是能进入一个好学校，就没什么其他要求了。之后的事情跟父母有什么关系？全是靠自己了啊。"

"不是说我期望怎么样，孩子就能怎么样的，是吧？现在一想到这个，心情就糟透了。"

现在需要学习的内容非常多，一想到要让孩子考个好学校，就够让人头疼的了。

可是，孩子的未来不是一下子就能变出来的。是今天一刻，明天一天，接下来的一周、一个月、一年、五年、十年，之后的所有时间，合成为一个整体，才决定了孩子的未来与一生。

现在与未来都是有着紧密联系的。因此，对于未来没有详细的规划，只看眼前，就跟只活到今天是没有什么区别的。

过一段时间再回头看，你会惊奇地发现过去的某一瞬间、某一小时与现在是有着因果关系的。我也是有了孩子之后，重新回头再看的时候，发现这并非偶然。想到某一瞬间发生的事情都是彼此相关的，每件事情都有它特殊的意义，让我觉得浑身发冷。因此，对于孩子未来的梦想与计划，就必须完全以现在为基础。脱离了现实基础的模糊梦想不仅在孩子的教育上没有什么帮助，对于孩子的未来也毫无意义。"人要有远大的志向"，无论古今中外都是一句箴言，可是更准确的应该是"志向远大，要以现实为基础确定方向"。

下定决心找出孩子的优点

在以现实为基础勾画孩子的未来之前，父母首先要准确了解孩子的优点与缺点。这个过程有助于营造凸显孩子优点与弱化孩子缺点的氛围，成为孩子成功人生的基础，而且也给了父母一次机会，重新审视自己回避孩子优点，揪住缺点批评孩子的问题。当孩子的想法与你不一致的时候，不要只是发牢骚，而是要认真客观地观察孩子到底是怎么样的，有什么发展的可能性。

下面这个问卷就是为"我的孩子现在的成长状态如何"以及"我的孩子今后该如何培养才好"提供相关信息的，帮助父母客观看待孩子的现状，以及未来的规划。

- 我的孩子现在成长状态如何？

　　根据孩子现在的状态，可以按照自己的想法随便写出10~20条。

- _____
- _____

- _____
- _____
- _____
- _____
- _____

● 我的孩子今后该如何培养才好？

　　详细描述你对孩子的期望，以及在你离开世界之后，希望孩子以何种状态生活在世上。也许这种假想有点难，但要尽可能地多写。

- 1小时后：
- 10小时后：
- 1个月后：
- 10年后：
- 30年后：
- 50年后：
- 妈妈离世之后：

　　然后，就来看看孩子现在的状况与父母心中勾画的孩子未来的面貌有多相似，或者有多不同。如果孩子现在的状况与父母所期待的基本一致，那么孩子是按照父母所期待的方向一直健康成长的。

　　可是，如果孩子现在的状况与父母所期望的有很大差距，就必须关注这

21

部分的内容。因为缩小这个差距，是父母的期望与孩子的成长目标达成一致的最重要环节，也是最大的课题。

现在，在孩子现有的优点旁边画圈，在缺点旁边画三角形。是圆圈更多，还是三角形更多呢？如果是圆圈更多，则说明妈妈看到了孩子更多的优点；如果三角形更多，就说明妈妈经常看到的更多的是孩子的缺点，并为此担心。对于孩子未来的样子也这样来画圆圈和三角形。大部分的情况，这次应该是圆圈更多，因为每个父母都希望自己的孩子能按照自己所希望的样子成长。

接下来通过画的圆圈来构想孩子未来的样子，并反射到实际状况中。如果已经在孩子身上看到美好未来的势头，就仔细想想孩子到底有多少优点和长处。通过这样一个小小的实验，你会惊奇地发现孩子的优点比之前更明显了。

找到缺点的原因及解决办法

在研讨会上，一位妈妈在罗列孩子现在的状况时，第一条就写下了"懒惰"。除了这个妈妈之外，应该还有很多妈妈担心孩子会懒惰吧。父母总觉得孩子不学习、不运动、讨厌做家务，都是因为懒惰的缘故。

可是，就是这种固有观念遮挡了正确看待孩子的视线。如果你认为孩子的缺点是懒惰，就必须了解孩子为什么懒惰，怎么样懒惰，并要考虑怎么解决这个问题。要是一想到孩子很懒惰就已经让父母很担心了，那么肯定想不到什么好的解决办法。

如果说孩子懒惰，首先要清楚孩子怎么懒惰。究竟是因为不爱早起，还是体力不足,是身体不舒服,还是不想去学校,所以才磨磨蹭蹭地准备上学的用品呢。有些孩子只有在妈妈支使他做家务的时候,才会偷懒,有些孩子还会因为今天有课外辅导而变得懒惰起来。

　　像这样通过仔细观察孩子,掌握问题类型,就能找出解决问题的方法。

　　或许孩子被扣上"懒惰"的帽子,完全是因为妈妈的漠不关心与强求。冷静地了解情况,从孩子的角度出发,努力地寻找相应的解决对策,父母也可以独自整理思绪,调整对孩子过分的期望使父母与孩子的关系得到更好的发展。

不要错失引导孩子的机会

父母正确引导各方面还不完善的孩子，可以把他培养成为优秀的人才，一个好孩子，由于缺乏父母的正确引导也有可能走上歧途。本可以成长得更好的孩子，父母却对其漠不关心，没有给孩子充分发挥自己优点的机会，就错过了使其顺利成长的契机。

当然为人父母的任务并不轻松。尤其是如今大部分的家庭只有一个孩子，父母没有充分练习的机会，不能及时正确地确立子女的教育方向，摇摆不定间孩子就长大了，无意中错失了引导孩子走上成功道路的时机。

无知和对孩子忽视的父母毁掉了孩子的未来

我家小儿子的小学同学里，有一个特别聪明、善于思考的孩子。他特别擅长讨论，说话很有条理，如果这些才能都能得到很好的培养，我觉得他在这些方面肯定能成大器。可是，十年后的今天，这个孩子没有任何成就，甚至成了令人担忧的孩子，小时候凸显的才能完全消失不见了。

这个孩子的情况，好像看起来是孩子没有把自己的长处或者梦想放在心里。其实是由于父母的忽视，把原本宝石一样的孩子变成了铺在路上的碎石子。这个孩子的妈妈可能认为孩子自己会慢慢长大，只要能把孩子喂饱，父母的任务就完成了，没必要再做一些"无谓"的干涉了。而且，对于其他妈妈对自己孩子的称赞，也像没听见一样毫无反应。周围的妈妈们都对这个孩子没有接受正确的教导感到很遗憾，我虽然有很多话想说，但是她自己一点没有寻求帮助的意愿，我肯定不能贸然站出来指责她。

这个事实说明什么呢？任孩子自己成长，得不到正确的引导与教育，长大后的道路只能一天天地在印证这个妈妈的想法是错误的。没有花费心思的父母（按他妈妈的话来说就是干涉），宝贵的才能会渐渐萎缩。

即便孩子做了什么坏事情，也没有人来制止，自然而然地朋友们也都会远离他。这个妈妈每天都被尴尬地叫到学校，这个孩子好不容易进了大学，却很难毕业。如果他是在能够冷静观察、善于引导并帮其确立未来发展方向的父母身边长大的话，肯定能成为做出一番成就的聪明孩子，而这个把对于孩子的关心当做是干涉的无知又冷漠的妈妈，毁了孩子一生的前途。

这位母亲却完全没有意识到，正是由于自己不积极引导才导致孩子糟糕的现状。这种父母总是认为就应该是这样，反而会指责孩子是不是因为交了坏朋友或者本性如此，才导致了这样的结果。

聪明地运用父母的力量

很多父母对于自己的力量都存在着一定程度的误解，认为只有发怒才有力量，而孩子能平静地长大，却说明父母是没有力量的。而且很多人还认为放任孩子，孩子会得到更自由的成长。

成为父母就意味着得到了好好养育孩子的机会，就像成为老师的那一刻，得到了好好教育学生的机会是一样的。老师们并不认为学生会自觉学习，就算孩子会自觉学习，也需要老师不断地指导、教育。因此孩子没有正确的引导是不能好好成长的。

　　放任孩子与有意识地给予孩子空间与自由是完全不一样的。对于不论孩子做什么都不干涉，对其放任不管，并不了解父母这个角色的真正意义的人来说，很多时候并不能灵活使用力量。正确引导孩子，推动孩子成长，不是干涉，而是让孩子抓住机遇。如果不想错过人生中宝贵的机会的话，首先要明确自己所拥有的作为父母的力量。

小贴士

读书要从进幼儿园之前开始

　　如果阅读能力不好，就很难形成思考与理解的能力，学习上很可能会遇到困难。因此，在孩子进入幼儿园之前，父母能为孩子做的最重要的一件事情就是让孩子尽快识字，并尽可能多地接触书籍。父母给孩子读书也有一定的帮助，但是如果孩子自己出声读书，会直接对这些文字进行思考，对锻炼孩子熟练地阅读非常有帮助。父母给孩子读书，再让孩子读一遍给父母听，一起讨论书里的内容，模仿书中主人公的样子，学写书里的文字等，可以利用多种多样的方法让读书成为日常生活的一部分。

领导力不是天生的，是可以培养的

希望孩子在同龄孩子中突出，是所有父母的希望。尤其是在孩子还小的时候，父母更会觉得自己孩子比其他同龄孩子优秀，具有无穷无尽的优势，以后肯定能成为领导。可是不可能所有人都去做领导，肯定是要经过激烈的竞争，从中选出一名最优秀的人作为同龄人的领导。因此，如果你希望孩子今后成为一个优秀的领导，就尽早培养孩子的领导力吧。

领导力并不是天生的，是需要后天培养的。没有为孩子提供成为领导所需要的条件，却责备孩子没当成领导，只能说你没有成为具有领导力孩子的父母的资格。

培养与众不同的孩子

一跃成为领导的一个最简单办法就是成为引领潮流的人。所谓引领潮流的人，就是创造潮流的人，培养属于自己特色的东西，并让其他人效仿。经常以一颗积极的心来引导孩子，帮助孩子提升忍耐力，经常提醒孩子站在别人立场上考虑问题，有助于孩子成为引领潮流的人。

在人群中另类或者耀眼是作为领导必须具备的重要条件之一。这里说的"另类"并不是指行动或者外貌很另类的意思。尤其是行动如果比较另类，反而会被认为有问题，所以要防止过犹不及。

社会上所需要的"突出的孩子"是自身所具备的资质、能力与经验等优于同龄人的孩子。如果有其他孩子没有的一技之长，具备其他孩子没有的能力，或者有其他孩子未曾有过的经验，那这个孩子就是这个社会上急需的人才。像这样自己的能力得到认可的孩子，很有可能成长为领导。

在孩子中，有些孩子的气质是完全安静地深藏于其中，也有些孩子认为表现突出是一件很有负担的事。这都没有问题，如果你有与众不同的能力与个性，即便安静地退到后面也会表现得非常抢眼。完全具备某方面的能力但是却不表现出来的孩子，也会得到朋友们的肯定的。因此，引导孩子具备一定的能力及坚韧的毅力，就是父母的任务了。

通过多种经验培养社会性

与众不同的社会经验，会让孩子成为人群的中心。所谓经验就是学习、感受以及行动的机会。因此，孩子年纪越小越要参加各种各样的活动。说到这里，父母最担心的还是费用问题，其实并不是一定要花费大价钱的课外辅导就一定是好的经验。尤其是在进入学校之前，跟朋友一起玩本身就是一个有益的经验。

与年纪差不多的同龄父母们一起聚会的时候，把孩子也一起带上。父母与父母之间相互交谈，孩子跟孩子一起玩。如果能发挥各自父母的特性，提供一些玩的项目就更好了，例如有的父母曾经学过美术，就可以在他们家聚会，玩一些与美术相关的游戏；要是有开餐厅的父母，在餐厅一起吃饭、一起玩也是一个好的经验。当然要在事前做好沟通，不能妨碍别人家的正常生活。

父母的聚会与孩子的游戏可以并行，这对孩子来说也是一个不一样的经历。这个时候，要确定孩子之间的游戏规则，选出一个领导，确保游戏顺利进行，这对于培养领导力有直接的帮助。可以让年纪最大的孩子做领导，也可以轮流做领导。虽然这仅仅是个游戏，却可以通过这个过程让孩子学习社会生活，培养社会性。

孩子们通过游戏可以培养认知能力、情绪控制、想象力、创造力、解决问题的能力与社会性等重要方面。跟朋友一起玩不是"什么都不做也是玩"，而是通过这个过程学到有助于孩子成长的实际东西。想想孩子们一起玩的时候是什么样，有没有全身心地积极参与，通过积极参与的过程，以及各自制订规则、分配角色等，让孩子的认知和社会能力得到提升。

通过体育教会孩子牺牲

要成为一个真正的领导，就必须能站在他人的立场上思考，而且可以理解别人的想法。在处理其他人的想法方面有着卓越的才能，对于他人的需求有较深刻了解的人，才更有可能成为领导。从朋友要为我做什么的想法中摆脱出来，用心地思考我该怎么做才能保持更好的朋友关系，只有这样才能领导他人。因此，社交能力强或者认知能力高的孩子，在朋友中享有较高的人气。站在他人的立场上思考被称为换位思考，能够换位思考的孩子，说明他具备了从自己的立场中摆脱出来，站在他人立场与对应的周围环境上思考问题、调节自身想法的能力。为此，需要给孩子营造更多的机会，让他可以站在别人的立场上考虑问题。并且帮助孩子把这些想法用语言进行整理，付诸于实际行动。

在这一点上，让孩子参加一些体育运动是非常有效果的。在运动的过程中，短时间内就能看到自己与朋友行动的结果，还可以学到为了团队牺牲自我的精神。预测自己与他人行为会导致的后果，为了获得更好的结果，做出让步或牺牲，可以说是作为领导必须具备的品德。为了培养孩子的领导力，要让孩子尽可能多地参加一些团体活动。

我曾经野心勃勃地让孩子去学剑道、学芭蕾、学游泳等，这些都是个人项目，但是后来孩子们参加了以团队成员为主的运动，尤其是小儿子停止了游泳，加入了学校的足球队飞奔于赛场上。通过与朋友们一起踢球，享受着足球带给他的乐趣，也有了很多与朋友一起相处的机会。小儿子非常热爱足球，甚至穿着走路并不方便的足球鞋上下学。我觉得对于培养他现在活泼的性格与替他人考虑的心态，这项运动起到了重要的作用。

积极肯定的经验，有助于孩子的头脑发育

人的大脑经历的越多，接触的事物越多，越学习就越发达。有了新的经验之后，大脑里"神经元"的神经细胞会增多，与之相连的"突触"的染色体结合细胞数量也会增多。孩子有较多的经验，头脑才会变得更聪明。经验较多的孩子与经验相对较少的孩子相比，头脑更活跃也更发达。

孩子在幼儿期神经元突触会大幅增加，大概在3岁的时候就可以有1000兆左右，但是到10岁时，会降低到500兆左右，其后神经元突触的数量会渐渐减少，但是质量会得到提升。在这个过程中，孩子一直使用的神经元突触是不会消失的，那些不使用的神经元突触会慢慢地消失。

这一过程学术用语上被称为修剪，其理论认为头脑使用越频繁的部分会越聪明，不使用的部分会慢慢退化。因此，给予孩子多种多样的经验，并与孩子经常交流，让孩子思考，通过这一过程让孩子的头脑得以发展，才是最重要的。

也就是说，就算天赋过人，如果不能给予多种经验与适当的刺激，大脑的发育就会停滞，甚至退化。作为父母都希望自己的孩子比同龄人更聪明，因此希望各位父母牢记，对于大脑发育的刺激最终都取决于所提供的经验中。

正面的经验会刺激大脑发育

所谓的经验并不是所有的都一样。为了刺激孩子的大脑发育，应该把正面的、具体的、积极的经验最大化。

比较下列两个家庭的晚餐情境。第一个家庭是全家人坐在摆满快餐的餐桌旁，孩子坐在神情疲惫的父母身边默默地吃着饭。另外一个家庭，妈妈在厨房精心准备食物，孩子帮忙摆放餐具，并受到了妈妈的夸奖，吃饭的时候一家人高兴地说笑着，笑声阵阵、气氛和睦。

在第一个家庭中，孩子在吃饭的时候觉得很沉重、很被动，跟家人也基本没什么交流，没有语言和行动可以给孩子带来正面影响的刺激。而在第二个家庭中，食物的香味，家庭的氛围，制作的过程，帮助妈妈摆放餐具的成就感，家人间的对话、笑声等都刺激着孩子。孩子直接参与其中，并受到了妈妈的表扬，对孩子来说是一个正面的经验。这两个孩子在长期性的智能、身体发育、性格等很多方面上，极有可能产生较大的差异，对待朋友和学习的态度上肯定也是截然不同的。

即便处于相同的状况中，该如何引导就是父母的任务了，随着孩子一天天长大，父母的任务也越来越重。父母小小的努力可能会引发孩子巨大的变化。

贵重的玩具并不代表能带给孩子好的经验

所谓经验都是相对的。花很多钱去国外，见识到很多同龄人没见过的东西，或者到大家经常去的公园，认真地观察过路人，这些都可以成为经验。

但是，不能武断地说哪一个好，哪一个不好。如果你觉得在公园里观察其他人也很有意思，这也能成为一个好的经验。如果海外旅行无聊又疲惫，对孩子来说或许并不是合适的经验。

对孩子有益的经验，并非一定要去远处寻找。在厨房里拿着锅铲玩耍，在路边按照大小摆好石子，跟朋友们一起玩游戏，让孩子能正面积极地接触事物就可以了。

给孩子买了昂贵的玩具，并不是说孩子就有了珍贵的经验，也不是说买了高科技的电脑或者数码产品，就会对孩子的发育更有帮助。为了满足孩子的好奇心，让孩子高兴，可以偶尔买几次，但是新的东西很快就会成为旧的，最初的好奇心与新鲜感也会随之消失。

大多数孩子都喜欢新东西，总会被新奇有趣的东西吸引。有新出的玩具肯定就想要，有新颖的节目就会跟着去学，但是过不了多久就不喜欢了。父母责备孩子"给你买了这么贵的玩具，都没玩上一个月就磨着买别的玩具了"，是因为父母并不了解孩子的特性。因为孩子不喜欢好东西，他们只想拥有新东西。

因此，给孩子提供相应的经验的时候，考虑的不应该是给孩子什么东西，而是把什么经验以何种方式给予孩子才更有意义，因为这是孩子大脑发育与成长的基础。

在可能的范围内，做到最好

很多妈妈都认为给孩子提供多种经验是非常困难的。没有时间，弟弟妹妹还小，根本不可能带孩子外出，要是出去一次，钱花费的也比较多，而且孩子的爸爸周末只顾着睡觉等，能找出一大堆理由来说明很难给孩子提供多种多样经验。可是如果一味责怪环境的话，就没有事情是可以做到的了。不管什么事情，都要在有限的环境下做到最好，这对于孩子来说也是个再好不过的经验了。

对于孩子来讲，所谓的经验就是在特定的环境下，经历一些新东西。如果弟妹们年纪很小不宜远行，就想办法带着孩子一起在家度过有意义的时光。推着弟妹在附近散步，帮助弟妹拿奶瓶，或者选择要穿的衣服等，都是可以让孩子参与进来的事情。

实际上，如果妈妈想要让孩子有新的经验，可以想出很多方法。还可以让孩子把自己在幼儿园学来的歌曲或舞蹈教给弟妹，或者给弟妹读书，交给孩子一个任务，教弟妹说话或认识数字也是一个好办法。"哇，我们家秀芝认真地教说话，弟弟（妹妹）都会说这么多了！"通过这样的方式来称赞孩子的行为，孩子会更加兴奋。尽管弟妹会说话并不全是因为姐姐在教，但是可以通过这样的经验，让孩子感受到自己所做的事情是光荣与自豪的。在尽可能的范围内，做到最好是非常重要的。

周末埋头睡觉的爸爸肯定是很需要休息，或者疲惫得一句话都不想说了。这个时候，就让爸爸在家里休息好了，妈妈带领其余的家庭成员一起外出。

把折磨丈夫起床的时间，用来照顾孩子或出门，给丈夫休息的时间，对家里其他成员来说都是非常有意义的事情。所谓家庭活动，并不是说爸爸妈妈一定要一起参加。挑几部电影跟孩子一起看，然后去电影院附近吃顿大餐，在回家的路上还可以去书店看看，这对孩子来说绝对是个好的经验。

在家里专门为孩子准备一小块空间，供孩子自由支配。在我们家阳台上，给孩子搭了一个小帐篷，他们可以在里面读书或者玩耍，孩子最喜欢的就是这个地方。除此之外，还要将房间确定不同的用途和使用规定，例如，家人可以一起读书的空间，喝茶的空间，孩子做错事情可以静坐反省的地方，可以一个人进去休息的洞窟等小据点，最好能做一个划分。

而且，与其在每个房间都放一台电脑，不如在客厅里摆一台电脑，让大家轮流使用。规定使用时间之后，大家都按照这个规定执行，遵守得好还可以考虑给予奖励。每个人都有笔记本的家庭里，大家都拿着笔记本聚在一起，在固定的时间内使用并关闭。

按照这样的方式想出各种方法，完全可以让孩子在家庭内体验各种各样的经验。尤其是把各种空间按照用途划分，制订并熟悉规则后，对于孩子社会性的发育有很大的帮助。

小贴士

爸爸不积极参与子女的活动时

爸爸消极地应对子女教育问题时，就要注意在家庭中不要让爸爸成为可有可无的存在。不跟孩子一起度过时光，不光爸爸会失去抚育孩子的快乐，还会给孩子带来消极的影响。家庭成员都各自单独行动的话，家庭就失去了向心力，团结性也变得非常薄弱，爸爸威严的形象也在孩子心中消失了。孩子小的时候把所有的信息都储存在记忆仓库中，随着孩子的成长，会让孩子成为一个没有责任心的人。

为了防止这种状况的发生，就必须在家庭内制订恰当的规则。例如周六爸爸必须陪孩子去游乐场，每天给孩子读书30分钟，或者类似地规定爸爸角色等。在不能遵守约定的时候，就要事前明确该怎么样处理。

按照孩子特有的尺度称赞与责备

早在几年前，就有育儿专家强调称赞的重要性与效果，对于在家庭中如何进行称赞的方法也有很多的建议。但是有几点需要注意，不管是称赞或是责备，一定要在必要的时候通过恰当的方式来表达，才能取得一定的效果。我们必须知道不恰当的称赞或责备，反而有可能把孩子引导到错误的道路上。

我的孩子有他自己的尺度

有些人可以2小时跑完马拉松全程，有些人就算给他8小时也完成不了。可是，在比赛中排在末尾或者中间放弃的话，也不能称其为落伍者。

到达了自己体力不能接受的限度时要学会放弃，这种人非但不能称其为落伍者，反而应该叫胜利者。那些不知道爱惜自己身体、透支体力的运动选手才是落伍者。

孩子的学习也是同样的道理。一个班级有40个人，那必然就有第1名和第40名，可是并不能完全按照名次的顺序来论成败。妈妈生病为了照顾弟妹忙着做家务，根本没时间学习，在班级里只考了35名的孩子，不是学习不好的孩子，而是承担起家庭重担的成熟的孩子，反而是应该受到称赞的。而总是考第1名的孩子下降到了第5名，显然是退步了，但是本来400人中考398名的孩子，一下子提升到300名，这就可以说是很大的胜利了。可是，如果父母带着鄙夷的口气说"第300名？"根本不认可孩子的努力，孩子肯定会失望的。

像这样在称赞或者责备孩子的时候，要采用适合孩子的绝对标准（如果用相对标准来看，基本上是没有什么值得表扬的了）。用"邻居家的孩子提高了10名，你怎么才提高了5名啊？"这样的话来责备自己的孩子，孩子对于自己付出的努力就感到没有意义了。在没有接受课外辅导，忙着照顾弟妹的情况下还能提升5名，这必须称赞。而且，即便整体成绩有所下滑，但是本来落后的科目成绩提升了，也是要给予表扬的。

学校成绩并不是全部。参照孩子所处的环境与自身状况，能看到孩子付出努力的话，不管什么时候都要适时表扬来激励孩子。称赞是发挥孩子才能的最好的教育方法，但是称赞的重点要始终放在孩子对于提升自己能力的努力上。"你头脑真是聪明！""这头脑真是天生就好！"这种对孩子天赋的称赞，对于孩子的发展没有任何帮助。

不以选择的结果，而以选择的标准为重点来评价

跟大人一样，孩子的每个瞬间也都在不断地进行着选择。要不要在上课的时候聊天？要不要打那个孩子？要不要认真学习？要不要把铅笔借给朋友？快迟到了，要不要跑呢？看到老师是打招呼还是躲开？考试复习从今天

还是从明天开始呢？每时每刻都在进行着选择。可是，孩子现在对于调节自己欲望的方法，选择的标准并不是很清楚，很有可能选择让自己更舒服、更喜欢、玩的时间更长的方面。因此，孩子做错事情的时候，与其批评这个行为，倒不如究其根源指责选择的标准，这样才能帮助孩子真正改正错误。

下面这个事例是讲君君上课时间讲话被老师批评，君君的妈妈与君君的对话，对于君君做出的错误选择产生了怎样的结果，而进行的自我反省。

妈妈 君君啊！我听你们老师说，你今天上课的时候跟朋友聊天，被老师批评了？怎么回事啊？

君君 我本来没想理他，但是明浩总在我后面戳我。

妈妈 那你怎么做了呢？

君君 我回过头大声说："你再这么做就死定了！"

妈妈 这样啊。然后老师就批评你了是吗？君君啊，这个时候选择怎么做，会比较好呢？

君君 要是能不理他的话，估计他也就老实了。

妈妈 对啊。你是不是没想到上课的时候，你要回头对烦你的同学大声吼的话，肯定会被老师责骂了？

君君 我知道是知道，可是今天没忍住。

就像君君妈妈这个例子一样，一旦做出了选择肯定有相应的结果，要帮助孩子清楚地认识到这一点，这比责备10次都更有效果。每当孩子惹出问题的时候，只顾跟在后面帮忙处理，或者孩子即便做错了也不马上纠正，孩子长大之后很容易做出错误的选择或者毫无责任心的行为。因此，当孩子闯祸或者出现问题的时候不是批评,而是一起分析孩子做出错误选择的原因,帮助孩子意识到选择与结果的关联性,孩子的成长有重要意义。而在不管做什么、怎么做都说好的父母身边成长的孩子,长大之后很容易成为自私自利、没有责任感和道德心的人。

> 特别提示

让孩子摆脱狭隘，
拥有更广阔的视野

养育孩子的时候，要考虑到遥远的未来。不仅要考虑明天，一周后，一个月后，甚至不是1年后，而是5年后，10年后，20年后来培养孩子。这是个很艰巨的任务，每天管理好孩子都非常困难，更别提要想到5年、10年后了。

想培养好孩子，父母首先要从"狭隘的视野"中走出来。所谓"狭隘的视野"有好几层含义，最经常使用的与"井底之蛙"是一个意思。今天，明天，一周，两周后，这次期中考试，下次期末考试等，一想到这些迫在眉睫的事情，通常目光就会变得短浅了。

为了摆脱狭隘的视野，要习惯性地思考明天即将发生的事情，明天的考试成绩对于孩子今后的方向有什么影响等。孩子的言行、父母的行为、家庭的氛围、孩子同学的影响，所有这些东西如同一张巨大的蜘蛛网纠缠在一起，因此父母拥有广阔的视野就尤其重要。

父母要成为有一定远见的指导者。有远见的人可以展望未来、制订目标、预测未来会发生什么事情。举个足球比赛的例子：有能力的教

练在比赛开始之前，要了解对方在怎么准备，还要将足球场的气氛、天气、选手的身体状况及心情、比赛胜负时相应的对策等都要考虑周全并准备妥当，这就是作为指导者的视野。当然肯定有失败的时候，也有出乎意料的状况发生的时候。可是，偶尔的失败也不是什么大不了的事情，总结失败的经验后继续努力就可以了。

　　培养孩子的时候也是一样的，肯定有我们预计不到的变数。可是，如果没有一个长期的计划，只考虑眼前的问题，就像踏上了一次没有方向的旅途，总是充满凶险。孩子要走的是什么路，现在发生的事情与未来有什么关联，今后又将发生什么，都要事先想到应对之策，这么做的父母肯定能提供一个更为优越的家庭环境。与父母一起考虑未来，对于大一点的孩子来说这件事情本身就是一次很好的训练，有目标的孩子才会顺利成长。

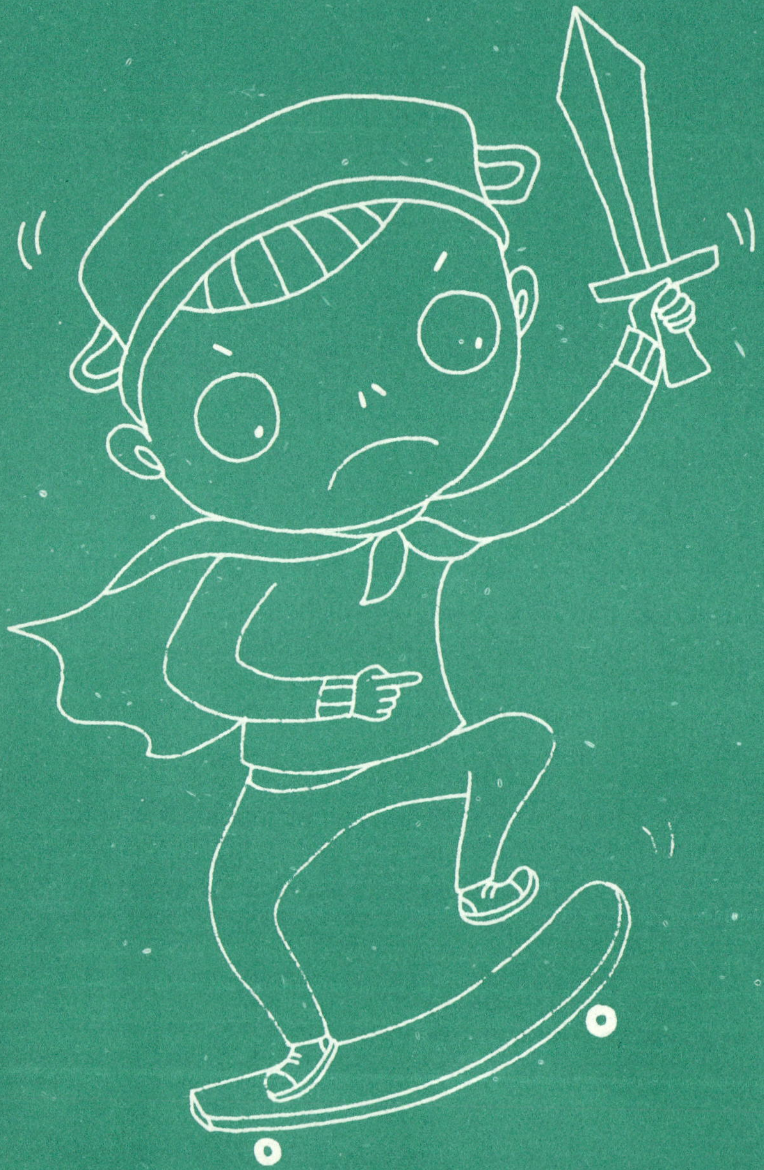

第二章

孩子做什么都不满意

孩子们大部分都是以自我为中心的

很多父母看到孩子只考虑自己、固执己见、什么事都是以自我为中心，就担心是不是社会性方面的教育不足的表现，甚至有的父母还会去参加心理咨询。其实，从发育阶段上来看，在进入学校之前，孩子大部分都是以自我为中心的，认为世界都是围绕自己在运转，只要把头钻进棉被里，就认为全世界都睡着了。

这个时期的孩子都非常自信，很容易高估自己的能力，对于情况也很难做出准确的判断，甚至会发生朝着运行的卡车跑过去造成交通事故的惨案，他认为自己跑过去，卡车肯定会停下来，因为什么事情他都是以自我为中心思考的。由于下雨不能出去玩，只能呆在家里，如果哪里受伤的话，他会认为是因为下雨自己才受伤的，因而讨厌下雨。对于这些反应父母们很担心，会认为是思考方式有什么异常，其实并不是这样的，这是成长阶段的自然现象。

尤其是孩子疲劳、犯困、肚子饿或者遭到妈妈严重干涉的时候，就会变得更加以自我为中心，开始耍赖。不要认为这是孩子"自私自利"，要仔细观察孩子，让他在恰当的时候睡觉，或者给他零食，或者让他在妈妈的怀抱里休息。如果不是特殊情况的话，孩子会慢慢平静下来。需要牢记的一点是孩子总是想得到父母的关注与认可的。

对自身认识不足，很容易固执

瑞士著名的心理学家皮亚杰关于孩子的自我中心性作出了说明——7岁之前的孩子所表现出的以自我为中心与无逻辑性是正常现象，到了小学之后，想法开始变得活跃，渐渐就会摆脱以自我为中心。对于孩子以自我为中心的转变，即便觉得很辛苦也要耐心等待孩子长大，在此期间父母应该给予孩子多种多样的经验，重复地进行教育是必不可少的，这样能使孩子尽快进入下一阶段。可是，必经的阶段是不能省略的。因此，在养育孩子的过程中，很多时候需要我们保持耐心去等待。

孩子的认知能力一般从三四岁起开始发育，到上小学的年龄才渐渐开始发达，能准确地知道别人需要的是什么。孩子会认识到自己与别人是不同的，也会渐渐明白其他人是怎么想的。因此，不到7岁的孩子完全听不进劝告，特别是固执或者耍赖的时候，父母要接受这是正常现象后再做处理。这个时期的孩子也特别爱发火，因为他们对自身的感情不能完全理解，很多时候自己也不知道为什么会发火，而且对于孩子来说，控制这种情绪也不是件容易的事情。

让孩子感受到父母认可自己

父母要充分地理解孩子，并教育孩子该以什么样的方式来抒发自己的情绪。尤其是到了上幼儿园的年龄，锻炼孩子用活泼的、合适的方式来传达自己的想法，是非常重要的。

例如对于在超市的地上打滚，让妈妈买零食的孩子来说，不能没商量地说"不行！你还不赶快起来！"或者说"唉，你怎么又开始了！妈妈走了！"，然后就朝另一个方向走开。而要在这个时候把情况说清楚并帮助孩子理解，引导孩子理清自己的情绪："宝贝乖啊，是不是因为妈妈没给买零食就生气了啊？妈妈知道你想吃，可是家里不是还有好多吗？你把那些零食都吃完，妈妈肯定再给你买。到时候妈妈让你自己选择好不好？下次我们买几包零食呢？2包？3包？（等孩子回答之后）好，就3包！那现在宝贝在妈妈数完1、2、3就站起来好不好？1、2、3！"

本来就因为没买零食而生气呢，妈妈也跟着一起发火大喊大叫，或者在孩子面前消失的话，会让孩子感到恐慌，进而更加愤怒，在没有感受到妈妈的关心之前就会一直僵持。妈妈首先要整理好自己的情绪，用平和的语调认可孩子的想法，逐条地跟孩子说明，但是要语气坚定地告诉孩子什么是正确的，还要给孩子一个必须做好的名义。

父母之间争吵或离婚，孩子会认为这是自己的错误，或者认为是爸爸不喜欢自己才离开家里的。这也是由孩子以自我为中心的特性决定的，他考虑不到其他的方面。孩子在不知不觉间会为了让父母或者老师高兴而努力学习。因此，如果孩子感受到自己的努力并不被认可的话，会受到伤害。孩子越小就越相信自己会做得很好，父母应该让他感受到对于他自身努力的认可。

父母的所有行为举止，孩子都在看都在学

孩子跟着大吼大叫的妈妈只能学会大吼大叫，在焦躁不安的妈妈身边也会变得焦躁不安，而意志坚定的妈妈则会让孩子变得坚强，这就是"榜样的

力量"。父母们经常抱怨"这孩子怎么这样",可是孩子们说的、做的大部分都是从父母那里学来的。

　　父母们经常这样想:"我是这样做的,但是孩子自己会判断,只学那些好的方面",误认为孩子天生就有坚定的判断力。可是这只是大人所期望的罢了,孩子们总是学那些大人们不让他们做的事情。不是有这样一句话吗?孩子是父母的影子。如果孩子有不好的行为,那就需要认真地反省一下我们大人是不是也是这样做的了。

否定的示范会强化孩子否定的行为

有一些孩子经常掐妈妈、打妈妈，妈妈实在受不了就拧住孩子的脸蛋，假装打孩子。

"我掐你试试看，让你看看有多么疼。怎么样？疼吧！你还掐不掐妈妈了？"

如果妈妈这么做，孩子也会学着再去掐妈妈，妈妈又按照自己的办法纠正孩子，于是就又掐住孩子。这样下去，肯定会以孩子嚎啕大哭而告终，最初想纠正孩子恶习的初衷已经不知道到哪里去了。孩子只会觉得疼、觉得很冤枉，根本不会想到"啊，我这么掐妈妈，原来妈妈会这么疼的。我以后再也不这样了"。孩子的心理与头脑还没有成熟到可以站在别人的立场上去思考问题的程度。孩子反而会这样想"我掐了妈妈，妈妈也来掐我了！这么做好像没什么事呢，还要接着这么做！"

对学龄前儿童进行这样的反面示范是会对他们造成不好的影响的。孩子对于自己看到的事情还没有判断力，会不假思索地跟着做，所以妈妈们一定要给自己的孩子做好表率，尽量保持温和的态度、柔和的语气，多做一些助人为乐的事情，这些都会有助于孩子的成长。当看到孩子的一些不好的举动时，最好故意装作没看见，而当看到孩子的一些好的表现时，一定要给予称赞。

示范正确的行为，会让孩子自然而然地转变自己的行为。虽说是孩子，可也并不是别人做什么他就会做什么。孩子会学着那些看起来有权威的人、聪明的人，尤其是自己所依赖的人的行为与话语，所以孩子会经常学着自己的父母、祖父母，以及经常在电视中看到的角色的行为。因此除了家人之外，不管是电视还是广播，都要尽可能选择有益于孩子的内容。此外，还要跟孩子一起交流彼此的想法，积极地给孩子提供整理、表达自己想法的机会。

教育孩子，关系好更要互相尊重

　　对朋友的父母一直说敬语，而且一直是很恭敬的态度，却对自己的父母很蛮横或者在父母面前表现得很随便。再看父母，也是一样的，对自己的孩子大吼大叫，但是对别人的孩子却表现得非常亲切，大多以劝导的方式进行对话。同样的场景下对别人家的孩子说的是"你这次考得不好吗？肯定很伤心。下次好好努力吧"，对自己的孩子却说"你学的那些东西都到哪里去了？你是不是不打算学习了啊？"这种伤心的话说得一点都不犹豫。

　　为什么对别人的孩子就小心翼翼，而对自己的孩子却只说那些让人伤心的话呢？妈妈们大多会这样辩解——"我是为了让他更好，才这么说的啊。我要是不这么教育他，他是不会明白的。"

　　可是，这样的教导就能让孩子理解了吗？我不得而知。

　　孩子们也是一样——"她不是我妈妈吗，这是怎么了？"

　　父母们往往认为，"都是家人，都很熟悉了！"

　　因为是一家人很亲、很熟，跟不尊重别人是截然不同的两种概念。要教育孩子尊重亲人，才能更好地维持亲近的关系，并让孩子明白，说一百句不如做一次，只有父母明确了这条界线，才能引导孩子做出正确的行为。为了让孩子更优秀，父母有无穷无尽的力量，可是不要忘了，让孩子走上歪路的力量更强大。父母尊重孩子，孩子说的每一句话都去认真仔细考虑，孩子才会尊重父母，按照父母的期望成长。

要用积极的力量培养孩子

在孩子成长的过程中，每件小事都很重要，尤其是在3~6岁的时候，因此在托儿所或者幼儿园的经历是非常重要的经验，因为它会持续很久，而且这段时期内形成的观念可能会伴随一生。这个时期，孩子仍然处在自我为中心的阶段，但是思想能力渐渐成熟，逐渐认识到自己与其他人的差异，产生了一定的自我意识。

重要的是，孩子在成长的过程中，会逐渐认清自己的能力，但是现阶段仍不具备那样的能力。因此，得不到父母认可与理解的孩子，做什么事情都没有自信心，对自己的评价很低，跟父母的关系也不太好，会认为自己是一个什么都做不好、不招人喜欢、没有价值的孩子，甚至可能会产生与朋友们相处的障碍，认为自己是个坏孩子。而且，这种想法也会以其他的形式表现出来。

行为举止夸张或者习惯看人眼色的孩子，大多是由于父母的忽视或是父母没有悉心照顾而导致的。如果父母对子女做的每件事都横挑鼻子竖挑眼，或者总是责骂孩子，会让孩子产生负罪感，这种罪恶感将导致孩子做什么都不成功，或者出现不良行为。父母的行为与话语不管以何种形式，最终都会传达到孩子那里，孩子会通过自己的行动、态度、语气、心情等表达出来。

所以我们需要用积极正确的力量来培养孩子。

培养孩子自我意识的说话技巧

孩子的自尊感与自我意识完全取决于父母怎么样对待孩子，这种说法一点也不为过。如果希望孩子认为自己是正直的，也希望他一生都正直地生活，那么在孩子进入小学之前就需要特别费心了。尤其是要让孩子觉得他对你来说是多么荣耀和珍贵，要让他有积极正直的自我意识。如果没有一定的标准，不管孩子做什么都无条件地称赞，会让孩子产生判断的混乱，这与让孩子感受到自己的珍贵是截然不同的。

"我们家孩子怎么这么懂事呢！"

"谁家的孩子能像我女儿这样想法这么深刻，有的话站出来！"

别人听到也许会发笑，但是如果这么做可以让孩子更好地成长的话，有什么不能说的？跟孩子在一起的时候，最好能找出孩子的优点，以及还需要提升的地方。父母的话可以成为良药，也可以成为毒药。因此，称赞的话要及时说出来，而责骂的话最好斟酌之后再讲。

跟孩子生气或者要求孩子做什么的时候，父母也要养成在心里数好"1、2、3"再说的习惯。要清楚，父母所说的每一句话，都会对孩子造成影响，那些不带任何感情的话，直接传达给孩子是件非常危险的事情。我经常用的心理训练法是"Stop, Think, and Say"，也就是说停下来（Stop），想一想（think），想好了之后再说（say）的意思。努力克制自己，把想责骂的话晚几秒再说出来，可以避免一看到不满意的事情就瞬间爆发的行为。

小贴士

生活中增加积极话语的方法

跟丈夫和孩子坐在一起，做一些卡片。在每张卡片上写一句自己曾对孩子说过的消极否定的话。然后把所有卡片放在一起，装在袋子或者箱子里，每个人抽取一张读出来。其余听的人要说一些听到这句话的感觉与心情。

"就因为你是这副德行，所以你才一个朋友都没有！"
"你到底是像谁，怎么懒成这样？"
"怎么生出你这么样一个孩子，来折磨我？"
"要是能没有你，我舒服地过一天，也就知足了！"
……

五个人聚在一起每个人写五句话，你会惊奇地发现父母们随便说出来的那些消极的话居然有那么多。这些话即便是大人听到，也会没精打采、伤心难过的，更何况是什么都依赖于父母的孩子呢。

然后，按照同样的方式在卡片上写下肯定赞扬的话。
"看你跟朋友的关系那么好，你可真棒！"
"妈妈最喜欢跟我的乖女儿待在一起了。"
"谢谢你帮弟弟（妹妹）洗手。看起来可懂事了。"
"自己一个人就能做好作业，我儿子是最棒的。"
……
好话也是多到不能再多。

这次把否定消极的话也混进去几句，然后随机抽取并读出来。这样，在赞扬的话中间就会夹杂着几句批评的话了，现在再听到这几句批评的话，跟刚才一直在听批评的话的感觉就完全不一样了。

做这个游戏的目的就是为了让大家感受一下，在绝大多数赞扬的话中听到几句批评的话，和每天都是批评的话的差异。因为在我们的日常生活中不可能完全不说批评的话，但是通过这样的游戏与训练可以让我们有意识地增加说赞扬的话的次数。

孩子的自制力，是要由父母训练的

"不行！这个会烫手的！"

"明天早上要去幼儿园，现在事先把书包准备好！"

"在外面玩完回来，要用肥皂把手洗干净！"

在孩子年纪还小的时候，父母要代替孩子做好判断，规范孩子的行为。因为在大人看来很简单的小事情，对孩子来说也很困难。自我控制就是给自己定下规矩，这对六七岁的孩子来说绝不是一件易事。因此，不考虑孩子多大，孩子能做到什么程度，就让孩子自己看着办，控制自己的行为的父母，未免有点太放心了。

指责孩子"都已经7岁了自己的东西还都看不好吗？"或者"我跟你说过多少次了吃完饭之后要刷牙？到现在了还要每件事都让妈妈费心吗？"等行为，是没有考虑到孩子的发育水平，属于过分的要求。

相反，如果孩子已经长大，大部分事情可以自己的处理了，父母还认为是"小孩子"，每件事都要参与、干涉，也会阻碍孩子的成长。孩子的自制力需要父母适当引导，随时根据成长的趋势进行调节。

伴随着孩子的成长，父母所给予的自制力的课题也要变化

随着孩子的成长，他们会摆脱以自我为中心的思考方式，学会理解其他人的想法，清楚自己的处境，自制能力也会提高。因此，父母要根据孩子自制能力的水平，适当地调整。

在孩子入学之后，仍然有很多父母总会去问"你作业写好了吗？""考试复习到哪里了？""书包整理好了吗？""没忘记带笔记本吧？"等，恨不得把所有事情都问到，把孩子的事情事无巨细全部安排好才能安心。这样的话，总会找"就帮他做到中学毕业""就算上高中也还是个孩子"这样的借口把自己的行为合理化，然后代替孩子做很多事情。可是，在这个过程中，孩子自我反省的能力就被剥夺了。

这样的孩子就算读了大学、结了婚，还是会很依赖父母。因为在成长的过程中，没有训练自己的机会，不知道什么是对的什么是不对的，不知道到底该怎么做，对面前的事情完全没有头绪。

如果出现这种情况，父母会更辛苦。孩子年龄小的时候父母都还年轻，照顾孩子的精力很足，可是孩子长大后，父母的年纪也大了，如果还要帮孩子做这些琐碎的事情，想起来就很郁闷。

随着孩子的成长，父母的角色也要随之变化，就像孩子在不同阶段有不同的任务一样。作为父母，在各个阶段也有需要完成的任务，如果在本应该规划孩子未来前途的时候，却只顾忙于照顾孩子的吃喝，就不能称为合格的父母。不管是为了父母，还是为了孩子，从孩子进入小学的时候起，一定要下定决心，孩子能独立完成的事情要一点点交给他自己去做。

把父母的权利在各个阶段一点点移交，培养孩子的自制力

孩子的自制力是与认知能力一起发育的。这种自制力不是在别人的要求下，或是受到称赞或责备后才去做，而完全是自觉自主去做的约束力。在孩子的心中已经有了对想法和行动的判断力，这就意味着对自己的看法已经成熟了。只有拥有了可以独立观察判断的能力，才能产生调整自己想法、约束自己行为的力量。即使想发火，也会学着忍耐，不想学习也会打起精神去看书，想骂人时能调节自己的心情，所有这些都是孩子发挥了自制力的缘故。

例如虽然很想发火，但是明白发火是不对的，孩子对于对错的判断有了自己的依据，就可以按照自己的想法调节自己的行为，这样的自制力便是孩子的社会性。

因此，根据孩子自身的发育水平，进行适当的自制力训练，是影响孩子一生的重要课题。

在养育孩子的过程中，会发现每天都过得非常快，父母的心态也在发生变化。担心孩子上学会迟到，担心孩子不写作业，担心考试考不好，在这样无止境的担心中，整个人会变得急躁不安，经常催促孩子，担心孩子犯错误或者失败。可是，这样的心态容易起到反效果，预先预防错误，反而把孩子引上了错误的道路。

小时候自制力强的孩子，不管是小学生、高中生，还是长成了大人之后，都有很强的自制力。从小就毫不节制，自己想做什么就做什么的孩子，长大了也很有可能是个没有自制力的人。孩子一般从3岁起，就会为了获得自己想要的东西而忍耐，因此从这时候起就要开始着重培养孩子忍耐的力量。孩子的自制力很难在生活中自己养成，需要父母在生活中以身作则，为孩子树立榜样，让孩子知道，现在的等待是为了将来获得更大的满足。例如车来的时候，不乱跑就可以安全通过；刷牙就不会蛀牙；努力学习，成绩就

会很好，朋友们也会喜欢自己。并且要让孩子了解行为与结果之间的联系，让他牢记在心。

可是，自制力并不是一两天内形成的。某一天突然跟孩子说"从现在起你自己看着办！妈妈什么都不管了"，让孩子自己决定，跟在教育孩子上采用"不是这个，就是那个"这种非黑即白的理论一样是非常错误的。孩子的成长，需要父母持续不断地引导，让这样的力量有一个积蓄的过程。如果对还没准备好的孩子完全放任，可能会让孩子迷失方向，因此，父母需要细心观察、耐心培养。在孩子成长的过程中犯下的大大小小的错误及失败，能以宽容的心态来看待，才是有大智慧的父母。

小贴士

确认孩子自制力的方法

孩子正在玩的玩具，被其他小朋友抢走了，如果孩子马上跑过去，再把玩具抢回来，并打了那个孩子，那就说明这个孩子还没有具备自制力，因为他还没有意识到打骂朋友是不对的行为。相反，如果孩子对着小朋友说："那个玩具是我的。你快点还给我！"强忍住想要追过去的做法，而是用语言表达出来，就说明孩子还是发育得不错的。

给孩子一些好吃的糖果，要求他过一会儿再吃，并把理由详细地说给他听。如果孩子能理解这个情况，并且能控制住自己想要立即吃糖的冲动，就说明孩子是有自制力的。就算自己有什么特别想要的东西，也不胡搅蛮缠、冒冒失失，而是根据情况做出适当的行为，这就是已经长大的证据。

孩子思考的力量，由父母决定

市面上训练孩子逻辑思维或创意性的教材不计其数，因为思考的力量对成长中孩子的学习成绩有决定性影响，能让孩子领先他人一步。父母们花费大量金钱，给孩子们买强化逻辑能力的教材，或者送孩子去参加创意辅导，正是由于这个原因。逻辑性思考能力和创意性对于孩子的学习都有很大帮助，甚至对孩子今后能否过上幸福的生活有影响。

实际上，给孩子买昂贵的教材，送孩子去培训班都不是最好的选择，思考的力量，在解决日常生活中所发生的问题时就能得到发展。逻辑性的思考是在日常生活中培养出来的一种习惯，创意性思考的培养则会根据父母的不同反应出现截然不同的结果。想要培养孩子思考的力量，父母首先要有相同的想法与姿态。

培养逻辑性思考能力的提问法

孩子小的时候很难长时间集中注意力，也很难理解抽象的概念。因此，为了提升孩子的思考能力，要设定一个孩子能够理解的情景，然后反复让孩子练习，思考的能力经过一定的训练是会变好的，父母要积极地给孩子提供支援。培养逻辑思考能力，要从小就训练孩子以证据为基础做出判断。没有这个过程，孩子肯定没有判断性，长大了也可能没有判断能力，没有缘由地、不假思索地就突然买东西或者很容易被别人的谎话迷惑。

逻辑思考能力不是自然而然就产生的，是需要按照思考的习惯刻意培养的。不到7岁的孩子，很难从各种角度，或者相反的立场上来考虑事情。因此，要培养孩子在下结论之前，保持检验证据的好奇心，尊重其他不同想法的习惯。

这种训练方法的其中之一是提问法。就是在准确地听完孩子的讲述后，提出自己的疑问，并引导孩子在听完其他人的讲述后，作出类似的提问。

"为什么会这么想呢？"
"你能把你的想法跟妈妈说说吗？"
"你现在看到的像什么？"
"那他们的相同点和不同点是什么啊？"
"你有没有想过这个跟那个为什么不一样呢？"
"如果地震的话你该怎么办呢？"
"你怎么知道的啊？"

像这种以"为什么""是什么""怎么办"开始对话的方法，可以刺激孩子的想法，营造出很多不同的对话。而像"那个漂亮吧？""这是什么颜色啊？"这种不用思考就能回答"嗯，漂亮""是红色"的简单问题，对于提升思考能力没有任何帮助。为了培养正确的想法与心态，就需要经常运用这种逻辑思考方法进行对话。

提升孩子创意性的方法

所谓创意性是指对生活有帮助的独创性的想法与思考能力。所谓独创性就是不是学习他人,而是自己独立创造以及再创作的能力。

可是,如果不能为孩子提供丰富的经验,就很难指望孩子发挥创意性了。只有先了解,才能发挥独创性或者按照别人的想法做出来。就像想要做出有创意的菜肴,首先要学会制作基本菜肴一样,想让孩子有创造性地思考或者做事的时候,也要首先熟悉相关的背景知识。因此,给孩子提供多种多样的经验,帮助孩子找到兴趣点非常重要。

想让孩子有新颖的想法、产生奇思妙想,就需要父母表现出对创意性想法的重视,让孩子明白创意性的价值与意义。支持孩子的想法,让他不要惧怕失败,尽可能地出奇,尽可能地突出,尝试尽可能多的东西,有了打破一切的信念的时候,孩子的创意性才有无限发展的可能。

不想让孩子成为笨蛋的话，就不要叫孩子笨蛋

"这个孩子怎么一点都不听话呢。你这个笨蛋！你怎么让妈妈这么难过啊，怎么就这么不听话呢，你干脆在我面前赶快消失吧！"

每个孩子的妈妈，都有同病相怜的感觉。在养育孩子的过程中，说出这种恶毒的语言也不是一两次了，很多时候都被气得要死，会觉得这"完全是在试探我忍耐力的底线"。这时候父母大声斥责孩子是笨蛋，并不是父母没有忍耐力或者有恶意，完全是出于对孩子的担心。

孩子会按照别人的期待改变自己

父母无心的话语、行动或态度等对孩子的影响，完全超出了我们的想象。虽然没有什么恶意，但是经常听"你这个笨蛋"这种话长大的孩子会逐渐丧失自信心，做出出格的行为，慢慢按照"笨蛋"的标准发展。同样，对不听话的孩子越骂"你这个臭小子，你怎么这么不听话呢？"反而会让孩子更加不听话。

美国心理学家罗森塔尔曾经以小学生为对象进行了一次实验。研究本身相对比较简单：在新学期开学的第一天，研究组给老师一张名单，并跟老师说这些是学习成绩比较好的学生。其实这个名单不过是从点名册上随便截取的一部分而已，里面掺杂了学习好与学习不好的学生，老师对此却毫不知情。

不久之后，研究组又重新回访了这个学校。比较了一下在名单上与不在名单上的学生的成绩有什么差异，惊人地发现，在名单上的学生成绩都有大幅的提升。其中，学习成绩不太好的学生，与之前相比学习成绩也发生了惊人的变化。但是那些不在名单上的学生，成绩却没有发生巨大的变化。

到底是为什么呢？怎么会发生这种变化呢？研究组对这两组人员之间的差异解释为"自我应验预言&心理暗示"的影响。所谓自我应验预言就是指从其他人那里经常性地获取暗示性的语言，就会认为这是事实的现象。

把老师与学生内心的变化进行分析，大概可以整理如下：

老师接受了提供给自己的信息，即相信在名单上的学生都是学习成绩好的学生。根据这个信息，也不自觉地提高了对这些学生的期望值。而对于那些期望值较低的孩子，在无意中传达了"你的水平也就这样"的信息。孩子感受到了老师对自己的这种看法，就开始按照老师的看法调整自己，本来学习还不错的孩子就变成了学习不好、平凡的孩子。

接收到老师"你是个学习很好的孩子"信息的学生，就会按照老师的高期待去要求自己，真的成为一个学习好的孩子。与此同时，孩子的日常行为也开始渐渐发生变化。

小贴士

让孩子说出自己需要改善的地方

自我评价过低的孩子，每件事都很容易放弃，也很容易失望，很难通过自己的努力改善现状。如果是父母出面指出孩子的各种缺点，往往容易起到相反的效果，这个时候反而让孩子直接说出自己需要改善的地方更好。"宝贝，你觉得你性格里哪一部分是需要改善的呢？""学习的时候哪部分是最难的啊？""妈妈在哪方面帮助你比较好呢？"以这样的方式引导孩子进行轻松的对话，帮助孩子清楚地认识到自己的问题。

不要轻视语言的威力

老师、父母以及周围人的期待与态度等完全可以影响到孩子的行为举止、信仰、学习成绩甚至性格，这真是件很可怕的事情。殷切的期望就能引发巨大的变化，就更不能轻视语言的威力了。如果一直说孩子是"笨蛋一样的臭小子"，完全可以想象得到孩子身上发生的"自我应验预言"会引发什么样的后果了。

现在回头反省一下自己，有没有曾经在别人面前指着孩子说"你怎么这么笨呢"，从而带给孩子伤害呢？有没有对孩子的失望溢于言表，不假思索地对孩子恶语相向？

没有哪个父母不希望自己的孩子好，既然这样，父母就要从对待孩子的态度开始转变。之前曾无意地负面对待孩子，知道这可能会给孩子带来巨大影响，就从今天起开始转变吧。从最简单最有效的方法开始——

"世界上最好的女儿，就是我的女儿允儿！"

想要纠正孩子的行为，
首先找到问题的关键

要想成功地引导孩子的行为发生变化，就要摆脱纠结于过去曾发生的错误上，最好的办法就是找到关键，区分轻重缓急，分清强弱重点，选择以未来需要做的事情为焦点，直指目标的恰当方法。

不要从矛盾的关键中摆脱

举一个例子来说：小学五年级的孩子，因为考试成绩不理想，放学回到家的时候就像霜打的茄子一样蔫蔫的。妈妈认为是孩子没有好好复习，所以成绩才不好的，就一直不停地责骂孩子，"你，让你学习你不学，天天就知道玩。现在怎么样？蔫了吧？""你多厉害啊！反正我是不管了，你自己看着办吧！"其实孩子非常努力地学习了，成绩却还是不好，加上妈妈这样责骂，孩子该多伤心啊。

虽然孩子什么都没说，但是心里却在想着"你说我厉害，说让我看着办是吧！那我就自己看着办了。"想想也是，挨着骂却在想"看着妈妈这么发火,今后要更加努力"的孩子应该是没有吧。

　　妈妈责骂孩子的目的是什么呢?肯定是希望孩子能变好,希望孩子能好好学习,提高考试成绩。可是,妈妈却把重点放在了其他地方,过于纠结于孩子没好好学习的这个过去式行为上,反复强调因为孩子没好好学习导致成绩不好这一因果关系,并指责孩子。孩子通过与妈妈的对话,什么收获都没有,因为妈妈首先就回避了想要帮助孩子好好学习这一初衷。之前没考好的试已经不能重考,只要指出不努力学习与成绩不好之间的因果关系即可,重点要说之后该怎么做才是正确的,下一阶段必须做的事情是什么等,例如"想要提高学习,应该把注意力集中在哪些方面呢"。

在失败中寻找学习的机会

　　那么现在咱们换一种方式,学习一下适合的方法吧!
　　首先了解一下孩子的状态如何。"看了这次的考试成绩,心情怎么样啊?"
　　孩子如实地表达自己的心情与感受。"考得不太好,心情很糟糕。"
　　然后告诉孩子不努力学习与成绩之间的因果关系。"是吧。没好好学习,成绩会怎么样呢?"
　　"特别差。"
　　这个时候,妈妈可以深入地提问引导孩子。
　　"在考试复习的时候,哪个地方感觉有困难呢?"
　　"那你今后打算怎么办呢?"
　　"想让妈妈怎么帮助你呢?"

"你觉得哪部分错的最多啊?"

根据孩子的反应与情况,可以进行多种对话。与其单纯地指责孩子"你怎么没好好学习!"不如询问孩子"你觉得怎么学习比较好",让孩子成为行为的主人,并一起讨论今后该怎么做。

通过反复地学习与自我调节之后,孩子就会成长为具备这种能力的大人。

小贴士

练习积极解决问题的方法

因为孩子的问题特别生气或者想责骂孩子的时候,利用下面5个解决问题的方法就可以减少问题的发生,还能锻炼孩子处理问题的方法。反复练习这个问题解决办法,今后再发生类似问题的时候就不会盲目地发火了,还能潜移默化地影响孩子。

1. 沉默,停止行动,仔细想一下问题是什么
   "我们现在有什么问题?"
2. 思考与孩子共同解决问题的方法
   "我们一起想想有什么好办法吧!"
3. 选择好的方法
   "这几个方法哪个更好呢?"
4. 确定要执行某个方案时,就帮助孩子制订一个计划
   "那咱们该怎么做呢?说说你的想法吧!"
5. 评价问题解决的结果与感受
   "这么做了之后感觉怎么样?"

即便是琐碎的家务事，对孩子来说也是有益的经验

家人之间相互都没有交流沟通，却期待着孩子能在外面表现出优秀的社会性，这是很滑稽的。家庭就是一个小小的社会，也是培养孩子的社会性与人性的理想场所，因此父母需要给孩子一定的空间，让孩子有自己独特的角色。交给孩子一些力所能及的家务活，告诉孩子这些事情虽然很细小，但的确很重要，需要孩子的帮助才能完成。通过这种方法可以让孩子感受到帮助他人的快乐，以及对自己所作所为的自豪感。

考虑到孩子的能力，交给他一些简单安全的工作

孩子在5岁左右的时候，就会对其他人的状况有所关注了。如果妈妈因为做家务表现出很累时，孩子就会走过来对妈妈说："妈妈，要我帮忙吗？"这个时候如果说"不用，没关系。你好好待着就好了"，对孩子的成长发育是不利的，应该欣然接受："真的吗？哇！这样妈妈就不用那么累了。谢谢宝贝，你能帮我做这个吗？"然后把孩子可以做的简单事情交给孩

子去做。

浇花、喂狗、整理玩具、擦餐桌、摆筷子、整理书籍等事情，在孩子进入幼儿园之前就能做到，再大一点的孩子可以让他帮忙去超市购物、帮妈妈准备饭菜、扔垃圾、整理自己的书包等简单的事情。与大人的想法不一样，孩子对交给自己的事情不会觉得厌烦，反倒会因为能帮父母做些简单的家务事而高兴。对于自己负责的部分很好地完成，会让孩子的自我满足感得到提升，这样的孩子对他人会有奉献与忍让之心，渐渐地成为生活能力较强的人。

但是事前需要跟孩子约定好，然后按照约定有责任感地进行。根本没进行过讨论的事情，强加于孩子的话，只会让孩子不高兴，对孩子的社会性没有任何帮助，反而会招惹孩子的反感。当孩子正在看电视或者看书等集中精力做某件事的时候，却安排孩子做家务就不太好，就像孩子替父母考虑帮忙做家务事一样，父母也要考虑孩子的感受才行。

通过成功的经验提升自我效能

对自己是否能够成功地进行某一行为的心理学判断，就是所谓的"自我效能感"（self-efficacy）。对于处在发育期的孩子来说，能够准确判断自己成功做出某一行为是非常重要的。

充满自信心的孩子，不畏惧冒险，反而会享受这个过程。这种孩子有着积极的心态与欲望，如果得到父母与老师的关爱，就会认为大人们很爱惜自己、保护自己，从而更加提升自我效能感。

相反，经常受到批评或者体罚的孩子容易产生罪恶感，对于生活中所需要的积极心态与欲望就会减弱。这些孩子会很忧郁而且没有自信，不管自己做什么都很难成功，一想到需要付出很大的努力才能取得成功，便没有了开始的信心，对于没自信的事情往往不敢尝试。那些态度不积极向上的孩子大多是属于这种情况。

培养孩子自我效能感的方法之一就是，让孩子去做一些对他来说有点困难，但是只要努力就能做到的事情。如果做到了超出自己能力范围的事情，孩子的自信心会得到提升。因为事情的难易度与孩子的自信心的大小是有关联的。

牵着小狗去散步，或者自己一个人去面包店，给家人挑选口味适宜的甜品等，对于5岁左右的孩子来说都是个巨大的冒险。孩子再大一点，也可以尝试让孩子在网上买东西，这也是个好的经验，或者让孩子一个人去独居的奶奶家里帮忙（当然事先需要跟妈妈多去熟悉几次）。不要怕孩子失败或者犯错，父母还可以对于怎么处理问题给孩子提供多种方案。这些经验积累起来，孩子不仅会为自己感到自豪，而且可以很自信地生活。不要忽视这些看似微小的成功经验，对于孩子来说它们是非常重要的。

小贴士

发挥公益活动的意义

如果在孩子获得更多经验的同时，还能帮助到别人，甚至可以为社会贡献一点力量的话，将有助于孩子形成健全的自我意识。在完成学校要求的公益活动后，可以让孩子回想一下自己学到了什么，并写出来，这种回忆的方式会更加明确活动的意义。公益活动也可以作为孩子课外活动的其中一项，让孩子对这个领域保持一定的兴趣。

即便是兄弟，
所处的情况也截然不同

同是妈妈的孩子，除了来自于同一个妈妈的肚子，其他的都不一样。当然这么说是有理由的。

首先，妈妈在怀第一胎与第二胎的时候，健康状况、年龄、身体状况是完全不同的；其次，当时需要承担的家务、社会经验、所处环境等也是截然不同的。生过一个孩子后，妈妈在孕期的心态也会变化，而且经济状况也不一样，爸爸对妻子怀孕的感觉也不一样。说自己会帮忙照顾孩子"准时下班"的爸爸，工作越来越忙，可能没心思去照顾第二个孩子了，加上经历了新婚期之后夫妻间的关系也跟以前不一样。

可以说第一个孩子与第二个孩子完全是出生在不同的世界。

就孩子而言，之前自己一个人霸占父母所有的爱，从第二个孩子出生起，突然有了一个弟弟(妹妹)来剥夺父母的爱，就会感觉自己被疏离了，因此，就像父母在不同的环境下迎接孩子一样，孩子们也在不同的环境中开始新的人生。

绝对不能拿孩子进行对比

在成长的过程中，孩子之间会争吵、竞争，严重时还会打架或者骂人，甚至会到谁都不妥协的地步。这个时候父母帮任何一方都是非常不恰当的。聪明的父母会借助这样的机会告诉孩子，虽然你们在很多方面都不一样，但每个人都是很独特的，每个人都可以通过不同的方法获得成功。不是简单地帮助他们判断谁对谁错，而是要让他们明白各自在哪些方面是特别的，并让孩子从心里面认可对方的这些特别之处，祝福对方。

尤其是千万不能拿两个孩子进行对比。如果父母一开始就这么对比，在以后的生活中，孩子之间可能会经常认真地拿对方作比较。一旦某个孩子比另一个出色而更受父母宠爱，那么这种痛苦会铭刻在另一个孩子的内心深处并影响终生。而且也肯定会影响孩子的学校生活，在不知不觉间导致对其他人的攻击性，更会严重影响到孩子社会性的发育。

赋予符合孩子特性的角色

作为父母需要了解孩子的个性与特征，赋予符合孩子特性的角色。培养大孩子的社会性与认知能力的最好方法之一就是让他教育、照顾弟弟（妹妹）。孩子在教别人的过程中，会主动学习很多知识，拥有更多的经验，今后也更擅长学习。

在哥哥教弟弟妹妹的过程中，父母需要在旁边观察一下进展如何、需要给予什么帮助。虽然是兄弟，但是每个人都有自己的特点，父母要仔细观察，找到符合各自特性的养育方法，让孩子展现属于自己的特色。同时要在其他兄弟面前称赞孩子的才能，并引导培养其他孩子拥有这样的才能。

与此同时，批评孩子的时候，也要注意不在其他兄弟面前伤害孩子的自尊心。在其他兄弟面前为难孩子或者说"根本做不到的事情为什么要做呢？还不如直接让你哥哥做了！"这种蔑视的话，会给孩子的内心留下抹不去的伤痛。孩子之间如果发生争吵，要把孩子各自单独叫到一边进行教导，之后让孩子互相道歉并握手和解、彼此拥抱。

兄弟在生活中是最好的朋友，而且是会站在同一战线上的人。但是在某些家庭中兄弟姐妹之间关系非常冷淡，甚至连陌生人都不如。所以父母要格外注意，不要因为自己的失误而导致兄弟姐妹之间关系破裂。

以家庭为单位一起行动，孩子的心里会更踏实

培养孩子的过程跟团队合作是一样的，有一定的规则和不可逾越的界限，如果意见冲突过多就不能很好地发挥各自的实力。不同于运动员与教练之间的较量，在养育孩子的过程中父母不能与孩子较劲。与孩子互相消磨感情的话，最终会对孩子造成不利的影响。父母要给孩子提供一个可以全身心投入生活的环境。

以爸爸为队长的双赢战略

丈夫一直忙于自己的事务，我跟孩子在国外生活时，丈夫没有更多的时间与孩子一起共同度过，也没有给予孩子足够的爱。虽然主要由我来养育孩子，常常忙得恨不得自己长有三头六臂就好了，可我也没有怨过丈夫，在抚养孩子的过程中，丈夫也不会找理由干涉我，而是始终默默地支持我。

如果把家庭比作学校，爸爸是校长，我就是副校长。校长负责一切对外的事务，副校长负责一切对内事务。可能在某些家庭妈妈是校长，爸爸才是副校长，也可能奶奶或者阿姨是副校长，按照各自家庭的实际情况去做就好了。只要不会对大的局面产生影响，负面的影响也不是很多的情况下，就顺其自然，这样有利于家庭成员的成长。

孩子跟爸爸分开的时间较多，我常常担心他们之间关系疏远。于是不管孩子有什么事情，我就说"给爸爸打电话，听听爸爸的意见吧"。而且我也是不管有多么细小的家务事都会打电话给丈夫，征求意见。虽然大部分情况下不管丈夫说什么，都已经是决定了的事情，但是通过这样的方法可以让爸爸不丧失自己在家庭中的地位。父亲在家庭中不但有强大的力量，相应也有巨大的责任与义务。对于这一点要始终提醒孩子与父亲。

把爸爸当成家长，家人们都在爸爸身后支持他，保持步调一致，而且也要在口头上把爸爸推到指挥者的位置上，取得双赢的局面。

信任主要的监护人，给予他们力量

在抚养孩子的过程中，不管是爸爸还是妈妈谁处在比较强势的位置，都是由周边人树立的。在养育孩子的过程中，处理这些大大小小的事情时必然会产生分歧。可是如果父母因为这些问题吵闹，对孩子一点好处都没有。夫妻之间有分歧时，可以一起去外面好好地协商一下，原则上是尊重主要监护人的意见，即使自己不满意也要给予这个权利。如果在实行的过程中仍然感到不满意，可以避开孩子再进行一次协商。

如果爸爸在外面很忙，没时间跟孩子一起玩，或者不喜欢陪孩子，觉得很累，又或者因为懒而尽不到做爸爸的责任时，妈妈就会感觉有很大的压力。但这是需要父母共同面对的问题，如果不能直接帮助妻子，最好能全面地支持协助妻子。

"老婆,我一直忙没时间陪孩子玩,辛苦你了,真的很感谢你啊!今天我替你打扫卫生吧。"

"孩子们,妈妈说的全是对的,爸爸无条件赞成妈妈的决定。我们要好好听妈妈的话!"

要按这样的方式在后面支持称赞妈妈。另一方面对于自己不满意的事情,需要改善的问题,以及其他事情,可以在孩子不在的时候,安静地协商,要微笑着在和缓的气氛下进行。

如果孩子不重视父母的话

如果孩子把妈妈的话当作耳旁风,却毫无条件地听爸爸的话,那么这个家庭的教育方式就有问题了。在很大程度上说明妈妈在这个家庭里没什么地位,爸爸的角色削减了妈妈的权威。也许是爸爸经常训斥恐吓孩子,而妈妈努力地想挽回这个局面。这种情况下,孩子对爸爸的怨恨全都转移到妈妈身上,妈妈也就毫无权威可言,只能苦苦挣扎于养育孩子的琐事中。而在这种环境下成长的孩子必然会产生问题。

相反,根本不重视爸爸说的话,却很听妈妈的话,也同样有问题。如果妈妈在孩子面前经常揭露爸爸的缺点或者公然在孩子面前漠视爸爸,孩子也不会尊重爸爸。尤其是爸爸跟妈妈相比与孩子一起度过的时间非常少的家庭,如果妈妈对爸爸又很轻视,在这样的家庭环境下长大的孩子,是很难成长为尊重别人、替别人考虑的人的。

在孩子面前,父母要表现出对彼此的重视,即使两个人的关系不好甚至正在走向破裂的边缘，也改变不了两个人是孩子父母的事实。夫妻之间需要站在对方的立场上考虑，让孩子对父母充满尊重和热爱。

小贴士

培养团队精神的家庭传统

如果家里有自己特有的团队精神，对提升家庭的凝聚力是很有帮助的。可以策划一个小的事件，并把它变成家里的一个传统，这是个不错的方法。我们家的传统是在每年12月31日跨年的晚上12点，全家人一起在冰激凌蛋糕上点好蜡烛，再手拉手一起吹灭，在吃掉蛋糕后共同迎接新年的到来。不能仅仅是蛋糕，必须是冰激凌蛋糕！本来没什么意义而开始的这个传统，孩子们却非常重视。在跨年的这个晚上，无论在哪儿，不管用什么办法都要买来一个冰激凌蛋糕，跟家人一起度过这段短暂的时光。这个小小的约定形成了家庭的团队精神，只属于我们家的细小的感动，让家庭的氛围变得非常特别，也非常珍贵。

制订家庭内部规定，按照规定执行

在抚养孩子的过程中会经历很多事情，这些事情可能是改变孩子的未来、事关孩子的安全、可以忽略或一些无关紧要的琐事、可以预防的事，等等。但在遇到这些事情的时候，若毫无章法地去处理，不仅会显得毫无原则、没有一贯性，还会引起家人的不满。尤其在感情用事并且急躁地去处理时，多半会导致事态扩大。因此对家中可能发生的各种情况，应该事先和家人进行沟通，并制订其规则。这样做不仅避免了由于琐事破坏家庭氛围的情况发生，还能使日常生活顺利运转，而且在子女教育的问题也能规划出更为宏大的蓝图。

重要的原则事先确定，并彻底贯彻执行

有很多朋友来我家串门时总会赞叹，家里怎么没有生气发火、责骂的声音，而全都是欢声笑语呢？而且孩子们都在各做各的事情，兄弟之间很友爱，学习也很好，尊重长者，受人称赞。

"你把孩子教育得真好，有什么秘诀呢？"

这时的我变成了厚脸皮，毫不谦逊地回答道：

"啊，谢谢。这个秘诀比想象的要简单多了！重要的、必要的事，要不厌其烦地认真做好；琐碎的、无关紧要的事，不要放在心上！"

实际上，我就是这样养育孩子的，这也就是我那三个孩子都很阳光、开朗的秘诀。对于重要的事情要事先预计到，确定一个明确的原则，当然前提是必须跟孩子协商好并得到孩子的同意。这样设定好了坚实的篱笆之后，就要相信孩子、给孩子机会，在篱笆内发生的所有事情是可以顺其自然的。但是重要的事情还是要列个表，用序号标示清楚，而且一旦定下规矩就必须遵守。孩子一次性可以处理的信息最多也就5~7条，所以家庭的规定也最好维持在这个标准。

以孩子为中心围上结实的篱笆，孩子可以在里面自由自在地尝试很多东西，能够很快乐地成长。孩子年龄越小，这个篱笆要越小、越结实，因为小孩子有很多需要学习的东西，需要父母帮助的事情也很多。伴随着孩子越长越大，这个篱笆也要更宽广，给孩子更多选择权，父母要少做指示。篱笆范围越大，要摆脱它承担的责任就越大。

这样孩子事先就能知道什么是重要的，什么是绝对不能让步的，为什么一定要这么做，也就不会产生父母对孩子吼叫或者互相生气的事情了。不管发生什么事情，都要依照规定进行，这样生活就会很和谐了。

一定要准确地告诉孩子什么可以，什么不可以

父母跟孩子并不是敌对的双方，父母是引导孩子、给予孩子谆谆教诲与热情帮助的长者。如果父母跟孩子是对立的敌人，那么养育孩子就会是一件非常疲惫的事。如果孩子在外面说"我跟妈妈吵架了！"，做妈妈的就有必

要反省一下自己的态度是不是有不对的地方了。要是孩子做错了什么，就要严厉地批评或者教导，而不是找茬和孩子吵架或者嘲弄孩子。

"跟孩子吵架了，这是第15次冷战了。"

秀珍妈妈跟我诉苦，她不让自己正在上小学六年级的女儿涂指甲油，之前说了好几次可是女儿就是不听，骂了女儿几句，女儿居然还顶嘴了。秀珍妈妈说如果孩子不认错求饶，自己就不打算原谅她。秀珍妈妈不让孩子涂指甲油的理由再简单不过，现在才上小学六年级，这么小的年纪就开始涂指甲油，以后很有可能会走上歪路。秀珍妈妈一直认为涂指甲油是那些不良少女才会做的事情。而且，妈妈说了不行肯定就不行，怎么还能顶嘴呢，这点是她怎么也接受不了的。

可是，秀珍的立场却完全不同了。涂指甲油只不过是为了跟朋友们一起闹着玩，自己都说了上学的时候会把指甲油洗干净的，但是妈妈却还是大呼小叫的，所以自己才产生了逆反心理。

这里的问题并不是秀珍涂不涂指甲油，而是妈妈与孩子之间的标准是不同的，如果这个标准能在事前就确定好，妈妈与秀珍的矛盾也就不会产生了。在我们家，很重要的事情一般都会在事前约定好，而且无论发生什么事情都要坚决遵守。可以明确规定，例如20岁之前不准涂指甲油、化妆，或者涂指甲油、化妆等都没关系，但是上学之前必须洗干净等。还可以确立一个父母认为很重要的标准，例如考试成绩不能超出10名之外等。

在孩子的成长过程中，对孩子的生活习惯逐一进行干涉，父母肯定会精疲力尽的。应该根据自己家庭的特性与情况，事先明确父母认为最重要的事情、能接受的事情、坚决不能让步的事情等，并完全按照这些规定执行。在这些规定内产生的任何不良情绪要果断地让它们过去，这对孩子的发育和妈妈的心理状态都是好事。如果明确了这些规定，肯定就不会发生跟孩子吵架或者冷战的事情了。

从小训练孩子要有一个强大的内心

学习不好、依赖性强的孩子，肯定是心理上很懦弱的孩子。这些孩子遇到一点小的困难也会不停地发牢骚，说自己很累。有这种心理的孩子大多数是从小就不明确自己的界限在哪儿，自己需要负什么责任，即便在很优越的条件下，也不会对自己所拥有的东西心存感恩，而只是在意自己没有的东西，很容易遭受挫折。

相反，有些孩子无论处在多么艰难的情况下，都能坚持不懈地努力对抗逆境。这些孩子即便生活在不好的环境中或者父母离婚，也能成长为很优秀的人才，他们像不倒翁一样坚强，身体里充满着乐观与韧性，内心有一股强大的力量。

孩子们眨眼之间就会长大，去过自己的生活。等孩子都长大了，才意识到需要培养孩子内心的力量，就太晚了。在孩子还小的时候，父母放任不管，孩子想做什么就做什么，就算表现得很没礼貌，父母也不在意，等到了明白事理的时候，才开始想着要"抓住"孩子，是非常错误的做法。10年内一直不闻不问的父母突然说出"你现在可是明白事理的大孩子了，怎么还这么不听话呢？"这样忽然转变态度的话会让孩子陷入混乱，因为作为孩子来讲，很难理解父母的这种转变。幸运的话，孩子可能会在父母的引导下慢慢适应，但是大部分孩子一开始的反应都是抵触的，那些倔强点的孩子就会被烙上不听话的印迹，与父母的关系极速恶化。

如果孩子的行为有问题，马上就要制订一个可以接受的最低限度，而且还要明确，如果违反了这些规定，会受到什么样的惩罚。

没有一定的制约，孩子往往不知道该怎么做，要么畏首畏尾，要么胆大妄为。从孩子小的时候就定下合适的规则，并且遵守这些规则，可以训练孩子拥有更强大的内心。

跟孩子一起制订规则的方法

规则要根据各自家庭的情况来制订，而且在孩子成长的过程中，随着年龄和环境的变化要随时调整。所有的规则都必须让孩子理解和接受，并要参考孩子的意见，父母冷静地采用。

跟孩子一起制订规则，确定行为的界限时，要记住以下四条：

1. 要跟孩子一起制订规则。孩子对于自己参与的事情会更有责任感。
2. 规则数量要尽可能的少。制订十条遵守不了的规则，不如制订三条可以遵守的。这样才能培养孩子的自控能力。
3. 确定好界限后，要确保它的始终如一性。
4. 违反规则的时候，会有什么惩罚措施也要跟孩子一起确定好，并由孩子负责监督。即，违反规则的时候，会产生什么结果要明确地告诉孩子，并且要让孩子承担这个结果。

这种简短明了的规则制订好之后，要跟孩子一起签名并张贴在某个显眼的地方。明确划出绝对不能让步的界限，可以让孩子在这个界限内尽情地活动，并对自己的行为负责，这才是真正让孩子出色的秘诀。

跟孩子一起制订家庭规则

根据每个家庭的不同情况灵活制订，并让孩子参与讨论，赋予孩子权利以此培养他的责任感。作为参考，我把我们家孩子在成长过程中曾罗列的几条规则介绍一下。第1、2条是关于学校生活的内容，第3条是与日常生活相关的，第4条是关于兄弟之间的。

1. 成绩保持在前五名内

不能遵守约定时：在各自活动的列表中选择一项放弃。跟朋友一起玩的时间、上网时间等，整理诸如此类的活动列表，直到成绩重新提高为止。

（这一条是为了让三个孩子在上学期间好好学习而制订的。孩子们进入大学、研究生院之后，当然要更换了。）

2. 充分利用学校的学习、生活时间

不能遵守约定时：在家人面前详细说明情况，并说明今后该怎么做，在实践之前得到家人的签字认可。

（孩子小的时候，会将不尊重老师的行为、与朋友之间的问题等细分之后确定。可是三个孩子在上学的时候基本都没什么问题，所以在老三上了中学之后又增加了一个范畴。）

3. 外出的时候，要得到妈妈的允许，并随时汇报自己的所在地及回家时间

不能遵守约定时：下次外出将受到限制

（孩子一旦到达目的地或者外出时，一有空就会用自己名字的首字母，例如J+所在地这种方式给我发个短信。也没必要发一条特别长的信息，只是为了让父母随时知道孩子是安全的，让父母安心。）

4. 尊重哥哥说的话，不管有什么事都不能提高声调

不能遵守约定时：向哥哥道歉，给妈妈和哥哥写一份检讨信。

（这是为老三制订的。我们家老大比老三大9岁。在家里除了爸爸妈妈之外，接下来的大人就是老大了。还好老三从来没有违反过这个约定。）

特别提示

你完全可以成为一个好妈妈

　　你有没有看着熟睡的孩子，后悔着"今天我没做到一个好妈妈该做的"。作为妈妈，每个人都经历过毫无缘由的心痛，或者因为一些小事后悔得夜不能寐。而且，还会经常担心培养不好孩子，影响孩子的前途，心情因而变得很急躁，没有耐心，没有自信心，浮现在自己面前的都是那些最消极的画面。

　　在抚养孩子的过程中每个人都会犯错。虽然很努力认真地去做，但是很多时候还会有一些意外的情况发生。这种时候不要太难过，既然已经发生了，后悔也没有用，需要做的是认真地反省一下，在错误中吸取经验，未来会发生的事情不知道有多少呢，一定要记住好的心情才会有好的事情。

　　有一首流行歌曲是克里斯蒂娜·阿奎莱拉唱的 *beautiful*，歌词很不错，我一直很喜欢听。这首歌里面有这样一句歌词"I am beautiful no matter what"意思是"不管别人怎么说，我都很美丽"。无条件地相信自己，说起来有点难为情，可是这句话对于提高妈妈的自信心非常有帮

助，这是对于我来说最好的催眠激励，"不管别人说什么，我的孩子都是最优秀的！"这些话反复萦绕在头脑里，我就像被催眠的人一样，认为这是事实。

就像这样，不管别人说什么，都相信自己的孩子是最棒的，自己能把孩子培养得很好，让自己保持这样的自信心，就会觉得抚养孩子是一件非常愉快、非常简单的事情。生活就是这样，如果看到了美好的一面，就能看到更多的美好。可是如果发现了一点缺点，更多的缺点也显露出来，不管是对周围的人，还是家人、孩子，亦或是朋友。

妈妈所说的每一个词，表现出的每一个眼神、手势、行动，都会让孩子完全感受到妈妈的心情。妈妈犹豫不定的时候，孩子也会觉得很不安，如果妈妈态度坚定，孩子也会充满信心、战胜困难、健康地成长。

相信自己能养好孩子

就像一个人站在空旷的原野上，那种孤注一掷的孤独感，相信每个妈妈都经历过，这种郁闷的心情让我不知道流过多少次眼泪。养育孩子的过程就是一段长长的旅行，走着走着可能会迷失方向，疲倦地失去重心而产生动摇。因此，跟孩子一起成功到达目的地的时候，快乐是无法

用语言表达的。既然别人能培养好孩子,那么我肯定能做得更好,首先要对自己充满自信。

我这个妈妈也是很珍贵的、独一无二的

妈妈作为孩子的主要监护人之一是需要得到尊重的,因此不能允许孩子对妈妈无礼。当孩子轻视妈妈或者无理取闹的时候,要明确地告诉孩子,妈妈能接受的范围,而且也要让孩子接受这一范围。如果孩子对妈妈说了不尊重的话,妈妈需要反省一下,自己是怎么对待孩子的,有没有注意提升自己的品位,有没有经常贬低自己。妈妈需要记住,维持自己成熟稳重的形象,是培养孩子的基础。

可以睁一只眼闭一只眼的时候,就这么过去吧

我家孩子偶尔会对我说"妈妈你太Cool了",并对我竖起大拇指。孩子能这么说,比别人称赞了我10次还令我高兴。这里的Cool就是"帅气,爽快"的意思。尽管是一些俗语,但是听起来的确是让人心情愉快的赞美之词!

来，让我们大家一起都来做一个帅气的妈妈吧。跟孩子纠缠在琐碎的事情上，就看不到宏伟的蓝图了，如同在绿色的草原上抓起一把杂草，如果此时把注意力放在杂草上，就只能看到杂草，而要是放眼整个草原，双眼就会看到鲜嫩的绿色了。作为妈妈要保持积极乐观的心态，把注意力放在广阔的草原而不是杂草上，如果这个杂草并不妨碍什么，那么就大方地放手不要去管它吧。

妈妈笑了，孩子也会笑

妈妈的情绪可以很强烈地感染家人。妈妈高兴，孩子的心情也好；妈妈难过，孩子也会心情抑郁，妈妈的角色是很重要的。妈妈如果整天阴沉着脸，想法很消极，在孩子身上也能看到这种倾向。"没有一件好事，我怎么能笑得出来！"不能有这种想法，妈妈们必须要求自己笑着生活。

笑容可以感染别人。妈妈要营造一种氛围，让孩子不管去上学，还是去外面玩耍，都想快点回家来。作为妈妈虽然很辛苦，但是不要忘记

给孩子一种平和感。当然我也没有做到任何时候都以平常心对待孩子，说起来容易，做起来难。可是，我们要记住，即使做得不够完美，也比什么都不做要好。

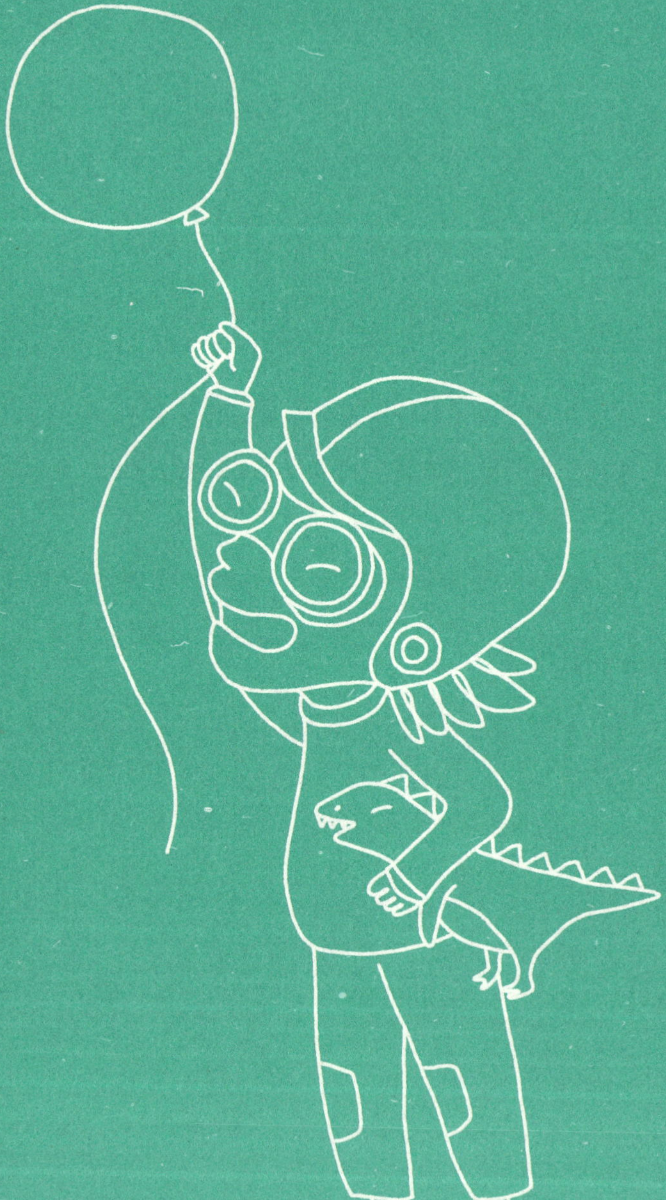

第三章

一点都不想去上学

父母的信任决定孩子的成就

我在国外边学习边抚养三个孩子，经历了大大小小的危机。可是度过危机之后却发现孩子们得到了更好的成长，今后再遭遇危机的时候反而会想"机会来了"。父母绝对的信任与支持，是开发孩子潜能的动力。只要父母相信孩子，孩子就能被激发出无穷无尽的能量，连学习也不例外。只要有父母坚定的支持与信任，孩子肯定什么都能做到。

差等生转变为优等生

我读博士的时候，孩子来美国上学才几个月。有一天我接到了老三学校打来的电话。我纳闷着能是什么事情，连忙赶到学校，事情却很出乎我的意料。

"孩子的学习跟不上，还是转到特殊班去吧！"

我的心一下子沉了下去。孩子来到美国的新学校才几个月，可能英语不太好，有些地方听不懂，可是怎么就不能等等孩子，非得转到特殊班去呢？后来我跟校方及老师做了约定，再给孩子一段时间，他一定能做好。现在老三已经从美国的著名大学毕业了，这些事情现在拿出来当作笑话来说，可是当时真的是气愤得无言以对。

"老师，我们家孩子从小学习就很好，可能有点调皮，但是真的是个很聪明的孩子。只是现在还没适应英语授课，可不可以等等看看？"

我一直向老师恳求着，可是老师连眉头都没皱一下。

怀着失落的心情回到家里，我跟孩子围坐在一起，伤心地讨论现在这种情况下我们能选择的最好的办法是什么。结论只有一个，我必须让老师看到孩子超强的学习能力。

我相信孩子有足够的能力与天分，只是需要时间适应。

第二天，我又去找老师了。

"老师，请给我一个月时间吧。这一个月内成绩肯定会提高的，您就等一个月看看吧。"

老师就像女神一样轻轻点了点头，我确定得到了老师等待一个月的允许后才离开。

就这样得到了来之不易的一个月时间。如果不能在短时间内取得醒目的成绩，我的孩子就要被转到特殊班去了。就因为我要来美国学习，就把本来学习很好的孩子都带到这里来，却面临着要进特殊班的局面，想想就又难过又伤心。

虽然在老师那里说了大话，可是要让现在英语还不熟练的孩子在一个月内奇迹般地把成绩提高，绝非易事。唯一比较幸运的是，那时候我也刚刚开始学习，正专注于研究学习策略与方法。而且让我比较欣慰的是大儿子也说会一起帮忙渡过难关。看到老三那充满委屈与期待的眼神，作为妈妈，我感受到了不管怎样都要打赢这场战斗的使命感。

我首先跟孩子一起确定了目标，制订了这一个月的计划，将每周、每天、每个小时需要做的事情一一列出，甚至以10分钟为单位制订了详细的计划。我让孩子坚持写各种摘要,每天坚持写英语日记,即使写得错误连篇也要坚持。把笔记本的每页分成两半,一半孩子写日记,另一半我用来检查。还要仔细地预习、复习学校的课程。同时把老三的英语课文录下来,不管是在车里、卫生间,还是吃饭、睡觉的时候,只要一有时间就拿出来听,并且跟着读。在这期间家里人都用英语交流,还一起帮助其他两个孩子准备考试,一家人共同努力。

  结果当然是获得了巨大的成功。一个月后,孩子的成绩取得了显著的提高,而且变得自信满满,周围的人也都感受到了这一令人欣喜的变化。孩子内心里慢慢积累着自信,就会冲破障碍,创造出奇迹。

  老三到现在都很喜欢回忆那段往事,他经常对我说,自己能创造这个奇迹完全是因为妈妈绝对的信任。

  不管是什么孩子,如果能有一个坚定相信他们的妈妈,他们就会更加努力地学习,更快地成长。

对孩子保持较高的期望值

有个研究是针对学习好的孩子与相对不太好的孩子的,结果显示:相信只要通过自己努力就能成功的孩子与不这样想的孩子相比,学习成绩更好。如果父母对孩子的期待值较高并热衷于对孩子的教育,那么孩子无论做什么都能做得很好,这一点特别引起学者的关注。父母相信孩子有无限可能性,孩子的学业成绩就会更好,有着强烈的成就动机,即使今后进入社会也会做得很好,这是很多研究结果认证的事实。

用信任沟通,期待值越高越好

如果想培养优秀的孩子,就必须无条件地信任孩子,对孩子抱有较高的期待。在这个过程中,要帮助孩子解决困难,还要肯定孩子付出的努力。不是说"你要是能做好这个,我就相信你",而是要无条件地相信孩子。你相信孩子多少,孩子就能成长多少。简单来说,如果目标设定为100,那么做得好就是100,差一点就是90、80,最少也会有70。可是如果一开始就把目标设定为70,做得好也就70,差一点的就是60、50,或者只有40而已。要想培养优秀的孩子，父母一定要充分相信孩子，对孩子抱有较高的期待。

也许有些父母担心目标设定得过高，会导致孩子容易遭受挫折，事实是即便目标设定得再高，也不会对孩子产生负作用。重要的不是期待值的高低，而是孩子与父母之间是以怎样的方式进行沟通的。能感受到父母对自己的关心时，孩子就会不断地提升自己，而感受不到对自己关心时，或者不能完全信任自己时，孩子就不会发生变化，反而会让孩子有挫败感。

父母的错误教育是不要求努力，却确定限制的范围

到了中学时期，孩子就可以客观地判断自己的能力了。可是，在上小学之前，孩子并不清楚自己拥有什么能力，还需要作出多大的努力，也不清楚有些事无论自己如何努力也是做不到的，很容易夸大自己的力量。这个时期的孩子欠缺对于事物做出正确的判断或者做出判断前收集信息的能力，因此，让他们对于自己的能力产生信心是非常有必要的，要随时让孩子了解自己擅长与不擅长的方面。如果没有擅长与不擅长的标准，谁都会产生混乱的。

可是，拿孩子与其他孩子作比较或者草率地给孩子定性都是不可取的，孩子处于这种错误的教育环境下，一旦做错了什么事，就会觉得自己完全落后于朋友了，不自觉地也拿自己与别人相比，会觉得自己是个不那么聪明的孩子，于是就迷失了自己的方向，或者断言"你是学习好的孩子，我是学习不好的孩子"。甚至，孩子会盲目地认为自己的能力只能到那里，于是就不会再努力了。尤其是直接的指责，立刻就会对孩子产生不好的影响。

"你学习怎么那么差？"或者"其他孩子都能考100分，你怎么就考得

那么少呢？"诸如此类的话会完全摧毁孩子的自信。更有甚者说出"考试又没考好？你也就这样了，我就知道会这样"，这种对孩子失望至极的话，完全打消了孩子想要进步的心情。"这也算不错了"这种话可能暂时对孩子有一定的安慰作用，但是也等于承认了孩子能力的界限，也是不可取的。

　　如果有哪方面需要孩子更加努力，最好能以柔和的方式耐心地劝导孩子，以一颗真诚疼爱孩子的心，来跟孩子交谈。对孩子负责的人只有父母，做得好的时候，不要吝惜自己的表扬，清楚明确地告诉孩子哪方面做得好。有一定难度的问题，会让孩子有成就感，还可以倡导挑战精神，这是使孩子能力最大化的有效方法。

小贴士

发挥孩子自信心，提升挑战精神

"妈妈知道你最近学习很辛苦，可是我相信你肯定能战胜这些困难。"
"妈妈很感谢你，能这样一直认真努力地学习。"
"你今后肯定会成为有用的人的。"
"不管你说什么妈妈都相信你。你肯定能做好！"
"妈妈知道你下次考试成绩肯定能提高。"

重要的不是学校，而是学习的质量

"大家都说这个学校好，让孩子去这里学习，但是我们家不具备那样的条件，所以孩子学习成绩不好是肯定的了。"

"我们小区的学校太差了，看来孩子很难升入好学校了。可是又不能搬家，真是急死人了。"

"不做全职主妇重新上班之后，除了每天吃饭的时候，再没什么时间跟孩子交流了。生活这么辛苦，还指望着孩子能做什么呢？都是我的错啊。"

为人父母，谁都想在最好的条件下培养孩子。让孩子上好的学校，拥有坚实的竞争力，在其他人羡慕的环境中，花费大量时间培养孩子。并不是说所有在好学校上学的孩子，都能进入好的大学，可是父母却并不这样认为。有些父母经常因为不能给孩子提供与别人一样的环境感到难过，因为不能尽心照顾孩子而感到遗憾。

在不同的环境下，达到最好的效果

我在养育三个孩子的过程中，不是在学习就是在工作，根本没有充足的时间跟孩子待在一起，这一直是我的遗憾，也让我很心痛。带着三个孩子攻读博士的时候，一分一秒都格外珍贵，总想抓紧时间去学习，可是小儿子还小，睡觉时还要陪在他身边等到把他哄睡着了才能做我的事情。于是我想了一个方法，我坐在书桌边学习，把一只脚伸直，让小儿子的小手摸着我的脚入睡。这场面每次想起都让我心碎，很欣慰的是包括小儿子在内的三个孩子成长得都很健康。

因为外部因素没能好好培养孩子的牢骚就不要再提了，什么都阻碍不了父母想好好培养孩子的心，在各自不同的状况下找到最好的结局，这就是父母的力量。

为一些没有能力做到的事情而伤心，与孩子一起走的路就会更加漫长曲折。如果想着"孩子现在拥有的，是我们所能做到的最好的，怎么样才能在这个基础上把孩子培养得更好呢"这些实际的问题，养育孩子对于妈妈来说就是件很充实而又幸福的事情。每个人的想法都不一样，但是只要下定决心，每个人都能培养出优秀的孩子。

与孩子们的关系不在量而在于质

不要因为不能给孩子请辅导老师、学校不好、没有时间跟孩子待在一起而担心，而多花心思在如何利用现有的条件为孩子做到最好。举例来说，如果没条件给孩子请辅导老师，妈妈可以帮助孩子找一套合适的练习题，妈妈帮忙检查答案，爸爸来教孩子不会的问题，这也不失为一个好办法，还能增加亲子交流；或者找几个学习好的朋友，互相教自己比较擅长的科目，通过这种方法学习，对于提升孩子的学习能力是非常有帮助的。

学校不好，孩子就考不进好的大学吗？实际上，在不好的学校，也有很多人能考入好的大学，很多时候凤尾还不如鸡头呢。也不用过于担心自己没时间跟孩子待在一起，因为很多研究结果都表明，与孩子一起度过的时间，质远比量更重要。

因此，如果能保证每天有30分钟时间与孩子相处，就没有必要过于担心这个问题。跟孩子手拉手，促膝长谈或嬉笑打闹，度过一段美好的时光，比不理不睬地待在一起一天要好得多。

对于不能拥有的东西不要感到遗憾，因为你已经拥有了很多其他的东西，现在要集中精力思考一下该怎么利用自己所拥有的东西。

孩子说上学没意思，
　肯定是有理由的

　　第一次进入学校，孩子对于学校肯定满怀期待，对自己成为小学生的自豪感，跟新老师和新同学见面的激动，还有对新知识充满的好奇心。可是，并不是所有的孩子最开始都能适应并喜欢学校生活。有些孩子沉迷于上学的乐趣里，一睁开眼睛就想背着书包去上学，也有些孩子在入学一两个月后就完全对学校失去了兴趣。

　　对于学校生活的乐趣与自信心与前一章提到的自我效能感有很大关系。自我效能感较高的孩子，不管做什么都相信事情取决于自己，只要努力就能取得好的结果。这些孩子遇到困难时，会想"再试试看""我不可能解决不了""再回头仔细检查一下"，对于学校生活没有丝毫恐惧，就算发生了什么纠葛也会自己去解决。

影响孩子自信心的三要素

　　为了提升对学校生活的兴趣与自信，就需要提升孩子的自我效能感。有三个要素需要父母注意：孩子过去的经验，别人的好榜样，环境的激励。

首先来说孩子过去的经验。孩子曾经失败的经历，在朋友面前出丑的经历，考试没考好而被批评的经历，当孩子想努力地做好某一件事的时候，过去失败的情境却总是浮现在眼前，导致孩子因为担心会再次失败而丧失信心，甚至没有勇气去尝试。而如果过去有成功的经验，这个成功的经验会帮助孩子再次成功，会让孩子产生"之前都做过了，这次肯定也能做到"的心理。因此，让孩子多积攒一些成功的经验是非常重要的。

其次，如果看到周围有人成功地做到了某事，孩子会认为"既然别人那么做能成功，我也可以做到"。尤其是如果那个人正是喜欢自己或者相信自己的人，榜样的力量就更为强大。父母要让孩子经常阅读伟人传记，了解更多的模范事例，父母在平时处理问题时也要自信、果断，这样能给予孩子更多的动力。

另外，老师和父母给予的积极、具体的鼓励，也是孩子巨大的力量源泉。"你真棒""你真让你的朋友刮目相看啊"说些这种模糊不清的激励，不如用"你这次这么用功，都考100分了，真棒啊""你这次比期中考试至少提高了10分呢"这种有具体内容的鼓励，更能让孩子知道自己应该在哪方面集中精力、明确方向，有提升自信心的效果。

总找借口是自信心不足的表现

需要留心观察一到考试那天就肚子疼的孩子，说考试总是出老师没教过的问题的孩子，认真复习了可是一考试就犯怵的孩子，还有说其他孩子总来干扰，使他不能安心学习的孩子。

每次不管什么事情都说是别人的错，总能找到各种各样的理由，这些孩子是不够自信的孩子。为了掩饰自己不够自信，总会想出各种出乎意料的借口。可能孩子认为自己想扭转这种难堪的局面，没有什么更好的办法。而且，这些孩子的内心也受到了很多伤害，他们表面上看起来很坚强，可是内心却十分脆弱。

总在找借口，对于自己十分不自信的孩子，学习成绩肯定很糟糕。这些孩子把时间都花费在考虑如何逃过批评上，没有信心找到更好的方法提升自己的成绩，也没有勇气去尝试，不相信世界上所有的事情都取决于自己的努力，而是认为在不同的环境下调节自身，就可以避免很多伤害。

要是孩子经常找借口，父母不要去批评孩子，而是要努力让孩子能够重新鼓起勇气。"再努力一点点，你什么都能做到"，以这样的方式来激励孩子，能发挥不错的效果。让孩子亲身体验一下，通过自己的努力改变实际情况的成就感，可以提升孩子的自信心。

培养孩子自信心的方法

不管学习好还是不好的孩子，都希望自己的学习成绩能再好一点。因此，虽然有些困难但并不是完全不可能办到的事情，要让孩子去尝试一下，当取得成功的时候，孩子的自信心会更强。"是啊，虽然有点困难，还是试一试吧！""啊？真的做到了！"通过这样的过程，孩子对于自己所拥有的会感到满足，也会更加努力。

给孩子出过难或过于简单的问题，对于提升自信心都没什么帮助。简单的问题，孩子很容易就能完成，太难的问题呢，孩子可能很快就会放弃。因此，有实现的可能性，但是需要付出一定努力的问题是最合适的。

　　在补习班选择班级的时候也是一样，尽可能选择比孩子成绩稍高的一个班级。如果孩子成绩跟不上的话，跟孩子一起制订目标，努力在下一阶段迅速地把成绩提升上去。达成这个目标的过程，对于孩子有着非常大的益处。可是并不是没根据地把孩子放到水平更高一级的班级里去，而是为了提升孩子的自信心，在向其他人学习的同时，更为重要的是能随时品尝到自己成功的喜悦。

小贴士

吃好睡好有助于提升自信心

　　害怕失败而不安，不相信自己，以及过分在乎别人对自己的评价的孩子，把应该用在学习等重要方面的大脑能量，分散到其他地方，降低了自己的自信心。觉得学校生活疲惫不堪的时候，孩子就会表现出肚子饿或者肚子疼，自信心会显著地降低。因此，平时保证孩子吃好、休息好、睡眠充足是非常重要的。很多专家学者都认为这些基本条件没有得到满足的情况下，孩子是很难具备自信心的。

孩子特别想要得到认可，说明他很孤独

每个人都想让其他人认可、喜欢自己，一个人不可能一直形单影只、孤独地生活。尤其是孩子的人际关系还不广阔，与父母和朋友的融洽关系对孩子来说尤其重要。所有的孩子都想成为父母和朋友眼中有用的人，这是很正常的现象。作为父母就应该在孩子希望得到认可与信任的时候，此唱彼和，让孩子打起精神来。而且，看到孩子幸福快乐的样子，父母肯定也会觉得非常幸福。

孩子的反抗与恶行，难道是因为孤独吗？

如果孩子为了得到别人的认可与称赞而过分努力，也是需要细心观察、亟待解决的问题。实际上，孩子都担心别人不接受自己、拒绝自己，想为了融入群体而努力。当然这也不是什么大问题，通过自身的努力得到周围人的认可，是孩子发育过程中必经的一个阶段。

在这个努力的过程中，要看孩子是向哪里靠拢，如果不能抵抗朋友的压力被牵着鼻子走，可能就会产生问题了。孩子为了尽快找到自己的位置，不管是好朋友还是坏朋友只要接受自己，就会向他们那里靠拢，很有可能遇见坏朋友。而且如果这个时候孩子觉得父母不认可自己，老师也不喜欢自己，而朋友们却爱跟自己玩，为了获得朋友的认可，孩子是什么事情都愿意做的，为了体现自身的价值感，即使是恶行也会毫不犹豫。

孩子结交了坏朋友不爱学习，只专注于朋友之间的关系，有抵触父母的言行时，首先不要批评孩子的这种行为，而要反省一下家里或者学校生活中是不是让孩子产生了孤独感，这才是上策。

与学校的老师保持密切的联系

对自己有自信，相信自己能成功的孩子，得到父母充分认可与支持的孩子，一般能做出比较明智的选择，就算被错误的选择暂时动摇了，也还是可以找回自己的位置。即使做错了或者失误了，还坚信自己可以重新被接受。

可是没有这层堡垒（或者感觉不到）的孩子容易丧失自信，为了恢复自信却经常迷失方向，而且这样的孩子完全不会想着要重新审视自己或者恢复大人对他的信任，长此以往，随着时间流逝他对自己的认识会越来越糟糕，也可能做出一些错误的事情。

为了不让孩子陷入这样的泥沼中，父母需要与老师随时保持密切的联系。孩子学习怎么样，在学校有没有什么问题，要经常与老师交流，对可能发生的问题防患于未然。为了让孩子恢复自信心，需要用积极的语言与行动引导孩子走上正确的道路。

与此同时，父母以什么样的方式接受孩子的错误，看到孩子起伏不定的成绩时有什么反应,都需要认真地反省一下。出现问题的时候,不要总把责任推到孩子身上,首先要了解清楚到底发生了什么事情。

孩子在朋友中
特别受欢迎是有原因的

通常来说，成功的人情商都高于智商。在这里我们需要注意的一点是，情商较高的人自信心与社会性也比较好，情商较低的人则具有较强的攻击性。因此，为了获得成功要培养孩子积极地认可自己，并且站在他人立场上思考问题的能力。

只有培养感性的力量，才能展现领导力

不能站在别人立场上思考的孩子，在同学和朋友中间都是不会受欢迎的。如果对一个父母已经离婚的孩子，一直不停地讲自己跟家人旅行的故事，最后这个朋友肯定不愿意见到自己了；在学习不好的朋友面前，毫不考虑他人感受地说"我一点都没复习，这次考试真得挺简单的"，最终这个朋友也会离你而去。

人们在感受到寒冷的时候，会自然而然地向温暖的地方靠拢。给予感到寒冷的人一点温暖，而给炎热的人一点凉爽，这种力量正是人性。能从表象

上感悟他人冷暖的智慧，就是情商。这种感性的力量转化为领导力就会成为引导他人的力量。

孩子大约从6岁起就可以站在别人的立场上思考问题。因此，不管孩子说什么、做什么，必须向孩子表达清楚父母与朋友们的感受。如果想让孩子保持与朋友间的圆满的关系，想让孩子受到朋友的欢迎，就要让孩子经常练习怎么样理解别人的立场，"那个孩子现在在想什么""如果是你的话，这种时候会怎么办呢"，类似这样的对话会有助于孩子的情商培养。

心胸宽广的孩子才能成为大人物

站在别人的角度上考虑问题会对孩子社会性的发展产生巨大的影响。把自己的东西跟朋友分享，热心帮助朋友解决困难，对于需要帮助的朋友伸出援手，才能在彼此之间产生信任与友谊。

只有真正想帮助他人的想法与行为，才能让孩子对自己的自身价值产生肯定。培养孩子能从内心里感受到别人的困难，并且有帮助别人的责任心，以此来提升孩子的自尊感。做了好事并因此听到别人感激的话，对处于成长期的孩子来说，是非常重要的经验，并会深深地烙印在脑海里，产生深远的影响。

因此，每次遇到需要帮助的人的时候，要及时提醒孩子帮助他人。即使是学校要求的公益活动，也要引导孩子用心地去做，如果身边有遇到困难的朋友，要教育孩子首先伸出援手。最重要的还是父母的示范作用，尤其是在帮助别人这件事情上，孩子是最容易受到父母的影响的。

在孩子面前表现出对于迷路小狗的怜悯之心，去探访生病的人，要让孩子直接感受到替他人考虑和奉献的意义，并且为之感动。

帮助孩子保持成功的
人际关系的方法

孩子到了6岁左右的时候，会越来越重视与朋友之间的关系。虽然家人还是跟以前一样重要，但是情绪上的支持、矛盾的解决方法、维持关系等方面，在与朋友相处的过程中才能得到发展。这个时期的孩子已经不满足于从父母那里获取的认可，而是从更实际、更具体的人际关系中去经历。因此，父母的主要任务是帮助孩子维持与朋友的关系。

孩子在朋友关系中获得力量

随着年龄的增长，孩子会渐渐与父母疏远，而与朋友变得更为亲近。以前只知道跟着父母的孩子，渐渐地与朋友在一起度过的时间越来越多，可能有些父母会觉得心里不是滋味，其实他们应该为孩子有自己的朋友圈而高兴，如果孩子是一个与朋友玩不到一起，整天只呆在家里或者老粘着父母的"乖宝宝"，才是最让父母担心的。

实际上孩子们通过与朋友的交流可以学到很多东西，有些父母努力了一年想教会孩子的东西，可能在朋友那儿不到一个月就能学会。尤其是孩子与朋友们交流的过程中，领悟到自己与他人的想法是不一样的，再遇到事情的时候，会站在别人的立场上仔细考虑别人会怎么想，孩子的社会性会得到极大的提高。因此，帮助孩子维持圆满的人际关系，跟培养孩子客观认识自己与替他人着想的愿望是一致的。

最重要的是要让孩子跟父母说清楚自己交的朋友到底是什么样的人，并说出朋友的名字。能跟父母畅所欲言地分享与朋友之间发生的故事，是这一时期父母需要做的最重要的教育。

为此，要确保孩子无论在什么情况下都认为父母是相信自己的。父母尊重孩子的选择，积极地接受孩子的朋友，孩子才会对父母敞开自己的心扉。

教孩子解决朋友之间纷争的方法

在孩子结交更多朋友之前，父母需要教育孩子的是如何解决纷争的办法。在跟自己年龄相近的孩子一起玩的过程中肯定会产生矛盾，而孩子就是在解决这些矛盾的过程中得到成长的。

5岁左右的孩子已经知道守护自己的尊严了，只是守护自己尊严的能力千差万别。孩子们打架可能看起来很简单，但是父母如果耐心引导，也会让孩子受益匪浅。孩子间打了架后，首先要考虑怎么解决问题，并要考虑对方会怎么解决问题，还要预测一下自己这个解决对策会让对方有什么反应，甚至要想到自己这么做会给别的孩子带来什么影响。因此，为了减少孩子与朋友之间的矛盾，父母要经常这样教育孩子，让孩子能深刻地考虑到这些方面。

孩子的情绪表达，大部分取决于家庭气氛和父母的影响。当父母随口说出"就因为你我都活不下去了！怎么这么不听话呢"这种话时，孩子肯定对朋友或者弟弟妹妹也会说类似的话。孩子说狠话是发泄内心的不平或者郁闷的一种方法。

甚至有的家长一生气就动手打孩子。在这种父母身边长大的孩子，在面对矛盾或纠纷的时候，也很容易冲动，喜欢动手解决问题。研究结果表明，那些在学校里经常对同学动手的孩子，大部分都是因为在家里耳濡目染了太多这样的行为，以至于不知不觉地把这种暴力的想法潜移默化到了自己的行动中。

如果是明智的父母，即便不考虑孩子，也不应该肆意发泄自己的情绪，或者对别人造成伤害，做出险恶的行为。为了孩子更应该克制自己，而且还要教育孩子如何表达自己愤怒的情绪。对于孩子来说，没有比这种身临其境地学习更好的方式了，希望各位父母能记住这一点。

培养努力的孩子，而不是聪明的孩子

有时孩子会说"这么努力有什么用？怎么样都学不好"，于是就放弃了学习。自认为已经很努力地学习了，但是却看不到一点提高的迹象，孩子就会对学习失去兴趣。因此，让孩子感受到只要努力，成绩就一定会有提高是非常重要的。

即便努力也没有取得好成绩并不是孩子的问题，主要是努力的方法不对。而且，提高的标准也不是根据自身制订的，而是根据别人的眼光和评价。想让孩子不知疲倦地学习，就需要首先告诉孩子努力的意义。

学习的质量比数量更重要

毫无想法和规划地坐在书桌前学习，不是努力，而是在浪费时间。实际上，很多孩子为了躲开父母的唠叨，也为了减轻自己对于考试的不安，经常心不在焉地坐在书桌前打发时间。可是，即便坐在书桌前10个小时却没能集中注意力，这也是毫无意义的，还不如集中注意力学习1小时更有效果。

孩子年龄还小的时候，集中注意力的能力比较弱，能专注于一件事情的时间也很短暂。通常是学习的时候站起来在房间里四处转悠，或者是本来在看童话书，一会儿又在翻漫画书，父母千万不要斥责孩子"你怎么那么散漫呢"，这个时候的孩子本来就很散漫。孩子能不能把注意力集中在一件事情上，很大程度上也是受到了父母的影响。本该是父母与孩子一起强化注意力，却把这个责任推给孩子，并对孩子做出消极的评价，是非常不恰当的。

为了强化孩子的注意力，父母需要为孩子营造一个安静的环境，当孩子决定坐在书桌前学习时，父母就应该关掉电视，从而保证孩子能集中注意力。也要避免把零食送到孩子的书房，总爱左顾右盼的孩子可以让他在父母身边看书，父母可以作为老师指导孩子学习。需要记住，在孩子小的时候父母要积极地帮助孩子强化集中注意的能力。

培养勇敢面对失败的孩子

孩子在上幼儿园时，一般都会说自己很聪明。随着一步步成长，孩子的想法也在不断地发生变化，到了上小学时，孩子就会把自己的才能与其他人相比较。因此，为了让别人觉得自己聪明，在考试前突击的孩子就会说"我一点都没学习"，潜在之意是"我本来就很聪明，所以学习成绩很好，并不是因为努力"。因为在这个争强好胜的年龄段，"认真努力"跟"没能力、不聪明"听起来没什么两样，虽然通过努力肯定可以提高成绩，但是说没学习成绩就不错，是想让别人觉得自己头脑聪明，跟其他孩子不一样。不够聪明，但是通过自己的努力取得了很好的成绩，对于这个时期的孩子来说并不是什么值得炫耀的事情。

由于孩子比较害怕自己在别人眼里没那么聪明，因此在经历过一两次失败之后，就会逃避可能会失败的情况，连尝试的勇气都没有，成绩自然会一落千丈。这个时期让孩子懂得通过努力提升自己，比聪明但是不努力而导致失败更为重要。每个人都有可能遭遇失败，有了通过努力可以战胜失败的经历，才能让孩子对学习没有任何恐惧。

让孩子深刻意识到努力的价值与意义

在学校的竞争中一蹶不振的孩子，今后步入社会也会遭遇很多困难；在学校有自卑感的孩子，在成长的过程中也会经常找不到自己的方向。

据调查，有20%的孩子会认为自己做什么都不会成功，直接就放弃了。这个时候父母或者老师给的反馈就变得非常重要了，必须对孩子强调只要努力不管什么事情都会成功，为孩子树立只要努力了即使失败也是光荣的信念，激励引导孩子。

在尽可能的范围内，给予孩子选择权

虽然孩子年龄还小，但是已经有了自己独特的想法及下定决心就能改变自身环境的意志，这是孩子最大的动力。而如果不管什么事情下定决心却做不到，只会让孩子产生消极情绪。如果所有的事情都必须按照父母的要求去做，只能让孩子觉得很憋屈。在尽可能的范围内，自己可以行使选择权，在选择中有自己的想法，孩子会更容易接受父母的决定。

把学习看作自己的选择

孩子自身的选择余地越大，可以活动的范围就越广，他会更积极地参与，也会取得更好的学习成果。可是，大部分的父母都很害怕给孩子选择权，怕造成不可控制的局面。因为父母觉得孩子还小，必须按照父母安排好的道路来走。

给孩子选择权，并不是无条件地放纵孩子，而是父母确定选择的选项后，赋予孩子"这三个里你选哪个？""这两个方法中你想用哪个呢？"这种提示性的选择权，这样不管孩子做什么样的选择，都是在父母的掌控之内。而就孩子而言，他会认为自己有很大部分的选择权，会很乐意接受父母的建议，并很自豪地认为是自己独立解决了问题。

通常，父母越是让孩子学习，孩子反而越不爱学习，即使强迫孩子学习也没什么效果。因此，让孩子学习的时候，需要充分利用孩子的独立心与责任感，就像是自己主动想学习一样。不是父母或者老师要求的，而是自己想去学习的时候，孩子才能更好地集中注意力，取得更好的成绩。

例如，做学习计划表的时候，不要父母做好后让孩子照此实施，而是要听取孩子的意见，并把这些意见反映出来，让孩子认为学习计划是自己做的。这样的话就很少会有逃避学习或者偷懒的事情了，因为即便是小孩子也会努力遵守自己做了决定的事情。

自己的人生由自己创造的信念

想让孩子很好地适应学校生活，就必须让孩子意识到掌控自己生活的重要性。因为妈妈让我这么做，老师让我这么做，朋友都这么做，所以自己也按照这样的方式去做，这种被动的孩子与下定决心积极行动的孩子相比会一直处于落后地位。这种被动的孩子，有必要让他感受到自身的信念及行使选择权所带来的安心感，只有感受到自己可以掌控自己生活的时候，孩子才会充满活力和自信。如果孩子不认为自己能决定任何事情，会变得防御心很强，并丧失责任感与领导力。

很多父母认为，孩子到了小学高年级的时候，就不再需要父母的帮助了，这是很大的错误。虽然随着年级的升高，孩子会越来越重视朋友的关系，但是却不能认为可以完全脱离父母的怀抱。这时候的孩子有独立的要求，但是依然需要父母的呵护。

曾有学者做过一个问卷，询问一些做出错误行为的孩子们，"你做出不正确决定的时候，希望父母怎么做呢？"作为研究对象的孩子们的回答是"能好好引导自己，给自己一些温暖的拥抱，能明确指出什么是不能做的事情就好了"。因此，给孩子划出明确的界限，让孩子可以在这个范围内尽情地选择，并且为自己的行为承担后果，引导孩子对自己的人生负责，是父母在这一阶段培养孩子的重点。

> 特别提示

成为严格的教练，热情的支持者，明智的导师

　　父母的角色在孩子的成长过程中也在不断变化。在孩子小的时候是严格的教练，渐渐地变为热情的支持者，孩子再大一点时就要成为明智的导师。

　　到孩子小学毕业为止父母需要耗费很多精力，要做很多事情，此时的孩子仍然以自我为中心，很难站在别人的立场上思考问题，而且也很有可能发生安全事故，需要一位既慈祥又严厉的教练。父母忙着喂孩子，给孩子洗澡，教孩子说话，哄孩子睡觉，劝慰孩子，忙个不停，耗尽精力，在这个过程中一旦失误，就可能发生安全事故，是千万不能马虎的事情。而且还要教给孩子现阶段应该掌握的东西，直到孩子能自己进行判断为止。

　　我一直努力宽容地对待孩子，努力教给孩子做人的基本道理。我们家的孩子在我开车的时候，在后座上不知道有多吵，可是我却从来没想过让孩子在车里保持安静，这只不过是孩子们跟妈妈一起出去玩很高兴罢了，也不是什么大事。但是只要坐上车就一定要系好安全带，而且在车完全停稳妈妈说下车前，一定不要开门下车，这些安全知识要从孩子很小的时候就明确地教给他们，因为与安全相关的内容一定不能疏忽。另外我也绝对不能忍受兄弟之间在车里打闹。可以让步的事情就要让步，不能接受的事情绝对不能妥协，这才是严格的教练。

教练是帮助孩子发挥最大潜能的人。教练并不会自己去奔跑，如果作为教练的父母代替孩子奔跑又会怎么样呢？孩子就会丧失资格。训练孩子，培养孩子的能力，让孩子跑得更好才是教练需要做的。千万不要因为心急就代替孩子做所有的事情，是孩子需要奔跑，是孩子需要学习，成长也是孩子在成长。

　　孩子进入中学后，如果培养得很好了，父母就可以渐渐放手了。这个时候父母不再是严格的教练，而要转变为热情的支持者。虽然在父母的眼里孩子仍然还很幼稚也很危险，但是父母与孩子之间培养出信任感，就是有可能的事情了。如果到现在孩子还在为基本的事情争论，不能遵守日常生活中的各种规定，那么父母还是维持严格的教练角色比较好，这种状态的孩子还没资格得到支持者。

　　从孩子进入高中起，父母就要成为明智的导师了。孩子在进入大学后，就可以离开父母开拓自己的人生。

　　提醒父母注意的是，所有的过程要根据孩子的特性逐步进行调整，而且还要重复进行。

ye~
yo!

第四章

心思不在学习上

时间管理做不好，学习也不能好

在孩子学习的过程中，最重要的就是教育孩子如何进行时间管理。擅长时间管理是指根据实际情况合理分配时间，知道什么时间做什么事，清楚在规定的时间内能不能把自己要做的事情都做完，什么时候要开始准备考试，并按照需要交作业的时间进行准备，上课需要用的东西事先准备好等，都是与时间管理相关的内容。

时间管理得不好，学习也会越来越困难

对于孩子的学习，做好时间管理很重要，因为这是制订、实践学习计划的基础。影响学习成绩的是学习的质与量，能取得终极成果的学习虽然取决于质，但是不能保证量的情况下，也是绝对达不到质的飞跃的。

直截了当地来讲，在考试的时候如果不能管理好时间，可能答不完所有的问题就得交卷了，就算已经回答的问题全都正确，但是空着好些问题没答，也很难得到好的分数。这种类似的情况，在准备考试的过程中也可能产生。如果第二天有三个科目考试的情况下，却把时间只集中在两个科目的复

习上，而另外一科没时间来复习，就绝对会产生问题了。不擅长安排时间的孩子很容易犯这种错误。

有些孩子很擅长利用时间，把时间分割来用，按照时间来做自己要做的事情。有些孩子觉得时间跟自己没关系，对时间没概念，需要学习的功课一直在推迟，上学也经常迟到，每天早上乱翻乱找地准备东西。不会管理时间的孩子，学习会陷入混乱，这与学习成果是有直接联系的。

对于不会管理时间的孩子，父母要积极地给予帮助。孩子可能是天生性格散漫，也可能是磨磨蹭蹭已经成了习惯，有些时候觉得厌烦就没能坚持到最后一刻，还有些时候是对自己过于自信，对于需要做的事情没能做出准确的判断。孩子管理不好时间的原因很多，需要父母仔细观察，尽早培养孩子好好管理时间的习惯，才能保证孩子稳定地学习。

协商确定看电视与上网的时间

电视和电脑是导致孩子管理不好时间的罪魁祸首。看电视时五彩斑斓的画面和引人入胜的内容，不断冲击孩子的眼球，孩子只要坐在电视前被动地看就可以了，不需要特别集中注意力，也不用费心思考。可是看完了有意思的电视节目之后，再想转换到需要动脑学习的状态中绝对不是件容易的事。孩子越爱看电视，就越难投入到需要积极主动的活动及学习中。

上网也是如此。喜欢玩电脑的孩子每天早上一睁开眼睛就要马上打开电脑，热衷于网络游戏，其中很大一部分都达到了中毒的程度了。

即便这样也不能完全禁止孩子看电视或上网。因为不管是电视还是网络，都是现代人获取信息的重要手段，也是人际关系的重要媒体。随着教育广播和网络课程的普及，孩子可以从电视、网络中学习到有用的知识。可是，孩子需要做的功课没做完，却长时间待在电视或者电脑前面的时候，父母要积极地介入，帮助孩子调节时间。

挑几个孩子特别想看的电视节目，让孩子在这段时间可以不受干扰地看，但是在节目结束之后，不是换台而是关闭电视机。用这种简单的方法就能减少被电视机侵占的时间，并可以预防因为看电视与孩子产生的纠纷。上网也是一样，事先确定好使用时间，最好能在客厅这种开放的空间内使用。在这段时间孩子看了些什么，写了些什么，都不要一一去检查。就算孩子有隐瞒或者欺骗的事情，也装作不知道，给孩子暗示，避免让问题扩大。如果跟孩子约定好了，就要相信孩子，只要孩子能遵守约定，就可以让孩子自由地使用。

没有电视看，孩子也可以玩得很高兴

我们家的孩子之间很友爱，我想这得益于在留学初期家里没有电视，闲暇时间，大家一起聊天，一起打闹，一起度过的那段艰难却美好的时光。

当时我正在攻读博士课程，孩子们也需要适应在美国的学校生活，大家都把注意力集中在学习上。为此在最开始讨论如何才能集中注意力学习时，大家一致决定把电视搬走。通常在学外语的时候会认为电视很有用，可是考虑到被电视抢占的时间，反而是负效应更大，于是大家才做出了这个决定。

没有电视的生活最开始可能不太习惯，感到很无聊，但是却没有想象中那么难过。这段时间孩子们可以看书，跟兄弟姐妹们一起玩，一起聊天，度过了一段有意义的时光。3年后我取得了博士学位，孩子们的学习也都步入了轨道。我们按照最开始的约定重新安装了电视机，可是孩子们反倒不怎么喜欢看了。所谓看电视这种娱乐方式在我们的生活中消失了。

如果想要学好习、做好自己的事情，就需要放弃一些东西，不看电视不过是一个微不足道的牺牲。如果能引导孩子达成协议，没有电视机也是个不错的办法。而且跟父母担心的不同，如果有其他好玩的东西，即便没有电视机，孩子们也能玩得很高兴，同时体会到跟兄弟、父母或者朋友一起玩的乐趣。

玩游戏上瘾，不爱学习

抢夺孩子时间的罪魁祸首之一就是游戏。游戏的种类很多，有连接电视的游戏、手机里的游戏、电脑游戏等。孩子可以通过游戏学到很多东西，例如在角色扮演的游戏中，可以扮演不同的人，在自己的幻想中也能锻炼其想象力和创造性。因此，从感受愉悦与获取能量的层面上来说，能玩上游戏还能调节好自己的时间，就不算什么问题了。而如果在孩子的生活模式中，游戏的时间占去过大比重，就需要父母的介入了。

有的孩子玩游戏已经达到中毒的程度，即使学习30分钟都很困难，可是却可以连续3小时不停地玩游戏，甚至到了吃饭时间，还是沉迷在游戏中说不饿。

本来约好玩1小时的却不能遵守约定，当孩子固执不已的时候，就需要父母积极出面调整时间。

调整不好游戏时间，日常生活的时间也会是混乱的。不能果断停止正在进行中的游戏的孩子，很难在学习时集中精力。玩电脑游戏与解决数学问题的有趣程度根本就是两个无法比较的对象，而且沉迷于游戏中的孩子，是不会重视读书的。因为书不像游戏那样，可以给人直接的刺激。要想让孩子了解到学习与读书的乐趣，就要让孩子从小知道如何控制时间、避免游戏中毒。

　　在开始玩游戏之前，就要明确玩多久、在哪里玩、过了约定好的时间之后该怎么做，以及不能遵守约定的时候该怎么样处理。这个约定需要父母在一个恰当的范围内，与孩子协商确定好才有效果。

不要过多地依赖学习外的课外辅导

在养育孩子的过程中,经常会有认识的妈妈这样联系我:"我们现在在组织一个课外小组,要不要一起啊?老师可是个名师啊!"想让孩子学到更多知识的家长肯定会心动,好像现在错过了这个机会,孩子会错失更多的知识,"好啊,再让孩子学一门!"于是就急匆匆地参加了。问题是妈妈的欲望是无穷尽的,辅导班一个又一个地报名,导致孩子每天像只乒乓球一样忙碌奔波。

与其强迫孩子学习,不如耐心地引导他

其实我之前也是很喜欢让孩子学这学那,也曾是张罗着给孩子报辅导班的积极分子,管理孩子们的课外活动和补习课程是我日常生活中最重要的一件事。可是,等年纪大一点经验更丰富的时候,我的想法发生了很大的变化,其中最需要反省的就是一次性让孩子学了太多东西。我醒悟到这样培养孩子,只能让孩子变得繁忙,而孩子真正学到的东西可能达不到父母所期望的。

我的职称是教授的时候,每年都要参加一两次为期三四天左右的学术会议,有时候大型的国际会议参加人数可能要达到两三万人。会议期间,我除了发表自己的研究成果外,一直都在听别人的。因为所有的演讲听起来好像都很重要,一场都不想落下,于是就奔忙于各个会场,可是折腾了一天回到酒店,翻看自己白天记的笔记却发现什么都想不起来了,也想不起来都有谁参加了。

结束了几天的学术会议,虽然自己每天都很忙碌,但是过后回想时却发现什么都没记住。到现在我才体会到,最重要的不是灌输到头脑里,而是转化为对自己有用的知识。

所以我现在不再这样做了,再去参加学术会议的时候,我只挑选两三个跟自己研究领域有关的报告去听,而且事先要阅读一下这名学者的研究资料,结束之后还会进行提问,确保自己有时间去思考我可以从这个人身上学习到什么。只有经历了这样的过程,其他学者费尽千辛万苦得来的研究成果,才能成为自己可用的参考,成为自己的知识和经验。

孩子们也是一样。每天学好几门功课,周末都不休息还在不停地学习,到了晚上累得趴在书上就睡着了,这样的生活日复一日,根本没有时间把学来的东西转化为对自己有用的知识。最终是花了很多钱浪费了很多时间,学的东西却只是左耳进右耳出罢了。

因此,要是想让孩子的课外辅导对学习有帮助,一次只选择两三个比较好。首先复习学过的东西,再把新东西穿插进去,这样孩子肯定就能记住一些。在这个过程中,发掘孩子感兴趣的有可能一生都需要学习的东西,其他课外活动完全停止,另外循序渐进地介绍新东西,对于孩子会很有帮助的。

学习永远最优先

　　如果孩子精力有限，不能兼顾学习和课外活动，首先要集中精力学习，等全部步入正轨之后再尝试其他东西比较好。尤其是孩子还小的时候，更要为孩子的学习成绩打下坚实的基础。如果孩子以后不打算从事艺术，那么在小学高年级时选取一两个孩子有兴趣的学科来培养也不算晚。

　　父母们容易犯的错误是在孩子小的时候就进行英才培养计划，引导孩子做公益活动，要学一两样乐器，还要会几个运动项目的这种全能的教育模式。父母会担心如果在小时候不进行这样的教育，孩子越大就越没有时间去做课外活动。可是，如果希望孩子能有个好的升学成绩，最重要的就是把孩子的学习成绩提高到较高的水平，从基本的学习开始更现实。

专注于外貌,无法集中精力学习的孩子

养育孩子就像往潺潺流动的江水中扔石头一样,会溅起什么样的水花,水花会落到哪里,没有人知道。所以父母对于每件事都要小心翼翼,尤其是身体与心理每天都在变化的孩子,父母不经意的言语可能会给孩子带来巨大的伤害。

父母们都认为自己对孩子了解得很清楚。其实,没有人能了解到孩子的内心发生了什么变化,尤其是对与外貌相关的事情很敏感的孩子。

小心地接受孩子的成长

对于孩子来说,成长是件很高兴的事情,但同时也可以说是件很有负担的事情。孩子的成长会被周围所有的人关注到,而孩子心理上的变化却是隐藏的。

"哇,你们家善奎长高了这么多啊!都可以跟电线杆做朋友了!"

"熙园啊,你现在多重了啊?怎么长了这么多肉啊?"

"这家的弟弟比哥哥还高呢!要是不知道的话,肯定以为弟弟是哥哥呢。"

不假思索地对孩子说这些话，可能会在孩子内心引起很大的波动。个子一下子长高与年龄不成比例的善奎，大胖脸圆嘟嘟的熙园，因为发育迅速比哥哥还快的弟弟，这些孩子听了这些话之后心里有没有芥蒂，没有人知道。

仔细想一下吧，大人就算体重增加了1公斤心里都会很难过，担心别人知道。如果这个时候有人说"哎呀，身体最近好像变化了"，那天回家肯定会站在镜子前想："不过是胖了1公斤而已，难道就这么明显吗？"

孩子也是一样的，发育快速、比其他朋友高或者胖的孩子会比大人想象的更关注自己的外貌。因此，对于孩子的成长表示出高兴或者担心，说些与外貌相关的话时一定要多注意。

父母反应过强，孩子反而会畏畏缩缩

在孩子的发育过程中，有一段时期会觉得世上所有的人都在注视着自己，一般从小学高年级开始，就变得很重视自己的外貌。如果做了牙齿矫正会认为所有的朋友都在看自己的牙齿，不满意自己的发型就会觉得所有人都在看自己的头发，身高特别高或者过于成熟的孩子，如果朋友聚在一起嘀嘀咕咕地笑时，就误会大家在笑话自己。

如果孩子在成长过程中，过于关注其他人的目光与言语，会导致心理上的畏缩，不能集中精力学习。而且，本该增强自我意识的时候，却受到自己身体因素的影响，而变得很消极。对于孩子的这种情况，如果父母不能理解，反倒批评孩子"你个子长那么高了，怎么做事还是这副样子啊？""喂，光知道吃东西长肉，哪有时间学习啊？"孩子肯定会渐渐变得畏畏缩缩。

　　为了让孩子接受自己的身体变化是自然的事情，从小时候起就要跟孩子多说一些关于外貌的事情，如果有必要，还要划出一条界限。孩子的成长过程中，在出现奇异的外貌与不可理喻的行动之前，父母首先要跟孩子一起明确哪些是可以接受的，哪些是完全被拒绝的。

　　即便孩子一直在镜子面前臭美，也不要过于紧张。很多妈妈可能会说："你这个孩子怎么不学习，这么注意自己的外貌呢？"其实可以观察一段时间看看，这不算什么大事情。

　　我女儿从小学三年级起就开始坚持穿背带裤或宽松肥大的裤子，完全领会不到妈妈想把她打扮成公主的想法。心里虽然很焦急，但是我却一直在等待，直到中学起她才会把自己打扮得漂漂亮亮的。即便一直是模范生的大儿子也买过一条可以装进两三个人的肥大裤子，把我吓了一跳。可是，我却什么都没说，最后裤子还是老老实实地被装进了衣柜里，大儿子也很圆满地度过了青春期。还有小儿子，为了让刘海突出来，一直努力地去分头发，后来随着年龄的增长，也找到了属于自己的风格。

　　对于孩子来说，外貌是表现自我的一种方法。有些时候急切地想突出表现自己，有些时候低调地想像个影子一样。孩子对自己外貌的关注是一种跟朋友相处的办法，也可能是表现自己的积极方法。扪心自问一下吧，孩子对外貌的关注有没有影响到学习？父母是不是在自己的立场上只是单纯的追问？如果不是很严重的问题，就把它看成是孩子成长的必经阶段，装作不知道的话，反而会帮助孩子。

学习，首先要有好心态

会工作的人与不会工作的人从心态上就不同。会工作的人对于交给自己的工作，会积极地处理；而不爱工作的人，反而会嘀嘀咕咕："一定要这么做吗？""真不知道为什么必须做这个！"这些人考虑的不是工作的重要性，而是考虑这个工作是浪费自己的精力，让自己的头脑变得复杂。不专注于工作，而是考虑其他事情，肯定会犯错误，因为从一开始就没有真心接受这个工作，在做的过程中肯定也不会很投入。

父母首先要相信学习的价值

对于孩子来说，在成长的过程中，肯定会做出许多不可理喻的行为，有时明明是已经学过的内容，却硬说老师没有教的人，也大有人在。兴趣多、精力比较分散时，往往出现这种情况。这就说明孩子本身缺乏足够的自我约束力，以致于他们无法抵制住其他刺激和干扰，只选择自己喜欢的事情来做。还有一些孩子，在他们看来，学习和作业是个沉重的负担，就算硬着头皮勉强去学习，由于潜意识里对学习固有的排斥和反感，注定了他的头脑无法保持清晰，注意力也会下降，导致频频出错，学习的效率大大降低。

不要期待孩子学会了学习方法就一定能学习好。再好的食物，有些人吃了是补，而有些人吃了则成毒，学习方法也是如此。对于适合的孩子，可能会给成绩带来质的飞跃，如果不适合，只能是白白浪费了时间和精力。

如果想让孩子把精力投入到学习当中，提高成绩，首先就应该让孩子在心里接受学习。如果想让孩子端正学习态度，家长就应该先对学习有个积极正面的认识。因为对学习抱有何种态度，家长是最容易传递给孩子的。

让孩子从心里接受学习

如果是幼儿园，或是小学低年级的孩子，父母可以在他们学习上有所起色时，给予适当的表扬或者物质上的奖励。不过值得注意的是，这种褒奖应该有一定原则，保持一贯性。孩子往往有种倾向，就是根据父母对于自己的反应以及褒奖程度，来判断自我能力和价值。如果在类似的情形中，家长时而给予极大奖励，时而给予冷漠平淡的态度，孩子就会产生一种困惑，不确定自己做得是否足够好。

随着孩子年龄的增长，等他们的学习觉悟到了一定程度时，这种夸奖和物质奖励，就应该渐渐退出舞台了。孩子小的时候，会因为对称赞和物质奖励的期待而学习，但是大了之后还用这种方式，毋庸置疑，就有点小儿科了。

对于小学高年级以上的孩子，有必要通俗易懂地向他们讲解学习的价值和必要性，引导他们从内心真正接受学习。

当他们对于自己的未来发展有了足够的认识，并从内心真正接受学习时，学习效率才能有所提高，而且不会把学习当成是负担而感到有压力。因为，学习本来就是一种只有心里接受了，大脑才欣然跟得上节拍的精神活动。

父母首先需要了解的学习方法

　　培养优秀子女的众多秘诀之一，就是首先要观察和了解自己孩子的学习状态，然后再对孩子进行习题训练。开始时可以给孩子出一些比他的接受能力稍高一级的题，当然这个度要把握好，应该选择有些难度，但是孩子稍微花点时间，就完全可以做出来的题。最初，孩子可能需要家长的引导和帮助，家长要给予积极配合，直到孩子具备了能够独立解题的能力。一旦孩子具备了这种能力，家长就应该减少帮助的频率，逐渐退居二线。俄罗斯籍教育心理学家维果斯基主张"适时的协助对儿童的认知发展具有促进作用"，说的就是这个问题。

比想象简单的先行学习原理

　　孩子自己就能解决的简单题目、已经熟悉的题目、无需大人指点就能轻松解决的题目、孩子早已背熟的题目等，如果反复练习下去，对孩子的提高和成长是没有丝毫帮助的。如果孩子已经背熟了它们，并且达到了条件反射式的"自动反应"阶段，那么就应该循序渐进地进入下一阶段。

数学题也不例外。孩子已经能做得很好的习题，反复再让孩子去做，也许开始时会对孩子掌握基本公式有些益处，但是已经熟悉到一定程度，反复的练习就显得毫无意义了。因此，如果孩子对该类型的题目足够了解时，就应该进入下一阶段。有些家长可能会认为，即使是已经了解的知识，通过反复练习，也可以提高学习效率。其实针对儿童的成长特点来看，新的经验和刺激，会更加有益于他们。

近年来，越来越多的家长热衷于让孩子"提前学习"，也就是相比孩子的实际发育阶段，稍微提高一个级别来进行训练。这种"提前学习"，其实原理非常简单。当孩子接触到比自己的实际能力稍微高一级别的题目时，为了解题，他们不得不认真去思考，即便是家长提供了一些提示，孩子也必须调动自己的大脑来思考，才有可能有所突破。当他们把高于自己实际能力的难题解决出来时，从中感受和学习到的，远远要比单纯做出一道题来的收获大得多。

如果这种题难度太大，使孩子无从下手，那么这种脱离实际的"超提前学习"方式，也是一样于事无补的。一个小学五年级才可能解出来的题，拿给一年级的学生来做，孩子会觉得措手不及，略一尝试就放弃了，因为孩子根本还没具备这么高难度的驾驭能力。如果给五岁的孩子做小学一年级程度的题，孩子尽管会费尽周折，但是在大人的引导下还是能够做出题目的，那么这种"提前学习"，无论在学习理论还是发育理论上，都是对孩子有益的。

有了背景知识，才能更易于接受新知识

孩子了解得越多，学习的欲望也越高。同样，亲身经历得越多，学到

的东西也会越多。"提前学习"本身没什么问题，问题是如何实践"提前学习"。从孩子的大脑特点来看，他们经历得越多、学到得越多、了解得越多，大脑会发育得越好，而且时刻准备着接受更高难度的更多新信息。也就是说，先前学到的内容，会成为后期学习的根底，我们把它叫做"背景知识"。

　　如果背景知识欠缺，孩子在学习新的知识时，会感到非常吃力。一次都没去过河边的孩子，对他们讲授有关河流现象的问题，孩子难以理解是可想而知的了，这与让一个还不认识数字的孩子去背九九乘法表，是同样的道理。而且这种现象，随着孩子的年龄增长会越来越明显。因此，家长有责任让孩子从小尽可能地多接触、多学习，无论是直接经验还是间接经验，让孩子积累丰富的"背景知识"，这样的孩子，分析和理解新信息的能力会更加出色，在面对问题时更利于他们形成独特的观点。如今的教育，越来越呈现出重视综合思维能力的趋势，有关背景知识的重要性，一定会日益突出。

经验丰富的孩子更善于学习

所有的学习和成长理论,共同强调的一点就是经验的重要性。曾经经历过的事情,将直接影响到未来的经验和学习。在没有"背景知识"的情况下去尝试一件事情,就意味着"从零开始",想要完全适应新状态,就会耗费更多的时间和精力。但是如果事先有过"背景知识",相比一片空白的孩子来说,就领先一步获得了进行独立判断和思考的能力。

父母众多任务之中的一个,就是要让孩子获得更多的经验,并让这些经验灵活应用于孩子的学习和成长中。如果对孩子每天经历的事情都视而不见,认为无所谓,那么就意味着错过了帮助孩子成长的时间和机会。如果父母能够把孩子的细微举动与学习和成长联系起来看待,那么孩子的一分一秒、一举一动都会被看作是无比可贵的。

善于利用"体验式学习",提高学习效率

近年来,学校对体验式学习表现得越来越重视,并且尽可能多地为学生提供一些体验机会。学校还会牵手家庭,建议家长也尽可能多地为孩子提供

体验机会。家长千万不要把这种体验学习与那些单纯的野游以及消磨时光的小游戏之类的相混淆。孩子如何有效利用现有的体验机会，与他们的学习效率有直接关系。

提高体验式学习效果的方法很简单，就是让孩子成为某种情境中的主角，让孩子身临其境，获取直接经验。这种体验式教育的意义在于，不是被动地接受周围事物和信息，而是主动地去思考和行动。

事实上，没有一个人是在完全白纸的情况下去学习新生事物的，都是建立在过去的经验基础上。因此，经验越丰富的孩子，学习和接受新知识的基础也越扎实。由于他们有更多的经验，因此在把自身已经拥有的经验相互联系并转换为自我资本的信息和资源时，也更胜于其他人。

如果是思维范围狭窄的孩子，经历困惑的几率相对来说往往会更高。因此，大人就应该协助孩子把生活中体验到的多种经验转换为自我资本，并有效应用于未来的学习和生活之中。

增加阅读量，才能使头脑更具逻辑思维性

读书是让孩子体验生活中很难获得的间接经验和信息的有效方法。许多父母对漫画或童话故事书带给孩子学习的影响表示不屑，但是我必须提醒一下，其实父母无意中买来的童话书，往往会对孩子的学习能力产生直接的影响。孩子们在阅读童话故事的过程中，不仅对故事的情节深深陶醉，而且对于故事中蕴含的教训和诸多情境会有深刻的印象。因此，一本好的故事书，不仅有好的故事，还会给孩子学习的启示，能成为一面镜子，让孩子进行自我反省，纠正一些错误的习惯。

而读书本身，对于培养孩子热爱阅读的习惯和专注态度，同样有着神奇的效果。

尤其是学前班的孩子，平时阅读量的多少与他们的语言表达能力有直接关系。语言表达力，不仅仅是简单的读和写，还是对事物的理解和逻辑解释的前提。事实上，有不少学生是因为没能准确理解题目要求，才会解题错误的。如果说没条件给孩子创造丰富的体验经历，那么至少应该让孩子认真读一些好书。

经验越多，认知发育也越快

一个衣食无忧、蜜罐里长大的孩子，在见过福利院的小朋友后，他的认知能力就会发生巨大的变化。他开始意识到，原来世界上并不是所有孩子都和自己一样过着幸福的生活。他也会意识到，自己的观点难免出错，并且会对周围世界有一个崭新的认识，从而提高自身认知发育的能力。

因此，具体体验在孩子认知能力旺盛的时期，是绝对不容错过的。具体体验，就是亲自去看、去感觉、去触摸、去嗅闻、去敲打、去抛掷，用这种方式直接参与到体验过程中。因此，在孩子正式学习动物课时，可以先带他去动物园了解一下；如果即将学习有关江河的知识，可以就事先领他到河边去感受一下；而在孩子学习历史课前，则可以领孩子去参观一下历史博物馆。总之，父母要拿出积极主动的态度，让孩子感受到父母的努力和诚意。

一个从没有见过大象的孩子，与曾经近距离亲眼观察过大象的孩子相比，二者谁能更快地接受有关大象生态的知识，自然是不言而喻的。没有见过大象像墙壁一样庞大身躯的孩子，是很难理解为什么一头大象一天就可以吃光200千克的青草和100升的水的。

　　家长不应该急功近利地一心想着如何给孩子灌输知识，而是要给孩子积极的引导，使他们能够有机会体验和接触新事物，积累实际经验。一旦拥有实际的相关体验之后，孩子对于书面知识的学习就会表现得更加积极主动。

小贴士

孩子讨厌看书？

　　孩子大多都喜欢看书，书里不仅有有趣的故事，还有足够吸引他们好奇心的各种信息。如果在孩子尚未体验到阅读的乐趣之前，家长就强迫他们阅读，或者只提供功课辅导类图书，或者一味地要求多看书，孩子就会产生想要逃避的心理。"等你看完这本书才可以玩！"家长的这种口头禅很容易给孩子错误的导向，认为阅读是一件妨碍玩耍的事情，通常是为了玩不得不草草翻完书。书应该是能让孩子感到乐趣的东西，因此，孩子偶尔用书来搭个桥，或是拿它来盖房子，也请不要大惊小怪地去责备孩子。让孩子学会爱惜书、好好保管书，都没错，但是孩子还没有完全自觉到这个程度。不妨在选书时，让孩子自己来挑选喜欢的图书，而且尽量营造亲子阅读氛围，让孩子从中体验到快乐。切勿把读书当成是非完成不可的任务来看待。

有效营造物质性学习环境的方法

　　学习资料、补习班、课外辅导，是最让父母们费神的客观学习环境。把孩子放到30多人一个班的教室，父母会觉得不放心，让父母亲自去辅导孩子的学习又能力有限，因此，双职工家庭往往会显得很无奈。如今可以说，是否抢先拥有了好的补习班或者一手学习资料，成了左右孩子学习能力的重要因素。

　　由于这个领域的信息铺天盖地，加上父母们的意见各不相同，因此很难找到一个重心。父母会困惑，为什么大家都说很好的学习方法，在自己孩子身上却不奏效。其实，这是因为每个孩子的学习能力和接受方法的程度不同。

学习资料是否具有互补价值？家长应排查一下

　　给孩子提供尽可能多的学习资料，对他的学习有一定的帮助。但是数量过多的学习资料，是否会分散孩子精力，令他们无从下手，是一个值得反思的问题。我对此事的观点是，学习资料多，并不会造成孩子精力分散。家长们可以回想一下带孩子到商场玩具柜台时的情景，面对琳琅满目的玩具，孩子并不是见一个要一个，吵闹着都要买回来不可，他们最终哀求大人给他们买下来的，也只是他们感兴趣、觉得好玩的几个玩具而已。

因此，学习资料越多，越会分散孩子精力的这种担忧是多余的。家长们在选取参考资料时，最应该看重的，是这套学习资料究竟对孩子有多大用处，对于孩子目前具备的知识结构，到底有多少互补价值等。如果选择的学习资料知识点或内容相近的话，即便让孩子看了很多，获得的知识也是有限的。家长要擦亮眼睛，确认所选的学习资料是否对自己的孩子有互补价值。

学习资料是一种消耗品，如果不是填写答案类的习题集，就没必要买新的，可以借邻居大哥哥大姐姐用过的习题册。

而且，父母们也不要随波逐流，买一些"流行"类习题集一味地塞给孩子，选购时要有长远的目光，免得自己精心挑选的习题册让孩子根本不感兴趣，闲置在家里造成浪费。

孩子能够消化的内容和量都是有限的，如果已经给孩子报班学习或者请了家教，占去了孩子的大部分课外时间，就不要再额外地给孩子添加学习资料。切不要因为销售员的极力推荐，左邻右舍的"好口碑"，把钱浪费在来历不明的资料投资上，要细细推敲和斟酌，看看这套书是否真的能对孩子的学习有帮助。

适合孩子的，才是好的

如果孩子某一方面的知识欠缺，可以把孩子送到补习班接受辅导。问题是选择什么样的补习班，总不能因为"孩子班上的班长也上xx学习班，咱也去吧",也不能因为其他孩子都去,就认为那就是好的。重要的是,结合自己孩子的实际情况综合判断,在充分考虑好是否对孩子有利后再做决定。

下面着重提一下孩子搭伴送辅导班的例子。对孩子来说,有搭伴学习的朋友也很重要,因此父母最终决定,把孩子送到同伴上的补习班,这是孩子学习成绩最好的同伴,而且是他的妈妈仔细挑选的补习班,肯定错不了,于是就毫不犹豫地把自己孩子也送到了这个补习班里。但是,万一那个所谓好的补习班,老师的辅导方法不适合自己的孩子怎么办?那么,不用考虑太多,立即停止再送那个辅导班就对了。这种事如果是发生在学校内,是不太容易说不送就不送的,但是上补习班,本身就是为了对孩子的学习有帮助才去的,因此一旦觉得不适合时,就应该果断地停止。为了退回补习费,担心还要和辅导班老师一番争论,或者由于中途退出,感觉对不住一起搭伴上学的其他孩子的家长,这些都不是问题的重点,总不能因为妈妈的面子,牺牲了孩子的利益吧?

由妈妈们组成的特殊课外辅导班

有不少家长犯难,辅导孩子要一对一进行,还是和其他孩子一起听课?回答这个问题,首先是要考虑孩子自身的情况,然后是费用的问题。课外辅导班,肯定要不可避免地交学费了。如果一个孩子单独请老师觉得难以承受,也可以几个孩子一起听课,既能省钱又能让孩子们之间在一起听课的过程中相互竞争,提高趣味性。尤其是英语和写作这些课程的辅导,相比于一对一方式,几个孩子可以在听课的过程中彼此对话和交流,更有助于提高成绩,更具效果。

如果是需要夯实基础的数学类辅导，那么最省钱最有效的方法，就是由父母直接辅导孩子。但是由于父母有时候过于心急，难免冲孩子发火，或者拔苗助长，难免会大大影响到轻松的授课氛围。如果是这样，可以尝试两个妈妈轮流教两家孩子，一是可以减轻工作量，二是顾及到有另一个孩子在，妈妈在教学时能够更平和一点。两个妈妈可以根据自己孩子的接受能力，格外地给予关注，等下一周时，另一个妈妈也可以格外关注自家的孩子，这样，两家家长的需求基本上都能顾及到了。

影响孩子学习成绩的心理环境

对于小学高年级的孩子，学习可以说都是靠体力来支撑的，但对于小学低年级学生，则往往是用心理去支撑。说得简单一些，就是只有孩子的心情好了，上学才会是一件开心的事情，学习也能更有效。也许看到孩子放假后还会惦记自己的同学或者老师时，家长会觉得很奇怪。因为在家长看来，放假了既能跟妈妈一起玩，也可以出去旅游，孩子应该更喜欢放假。但是对孩子来说，学校或者学习不单纯是大人眼里的学习任务，而是和老师同学一起快乐相处、愉快学习的所在，所以有必要让孩子保持一种时刻乐于上学的心理。

融洽的朋友关系，是孩子强有力的后盾

在孩子心目中，朋友的位置远比我们想象的要重要得多。一般的孩子不会存在特别大的问题，但是被同学冷落或取笑的孩子所受到的内心伤害，是无法用语言来表达的。朋友关系不仅会影响孩子校园生活的方方面面，还会影响孩子的成绩，甚至是未来的发展。融洽的同学关系，可以给孩子增强信

心，也会让孩子意识到，想要处理好人际关系，就应该付出自己的真诚和努力。

有些孩子和少数几个伙伴能玩得很好，但是在班级整体来看，却不怎么受欢迎；还有一些孩子虽然朋友很多，人气也不错，但是却没几个可以真正交心的朋友。家长应仔细观察和留意孩子在交友方面表现出来的迹象，并加以适时的帮助。

有一个语言词汇，叫代码切换（code-switching）。原意指的是根据情境来切换语言，另一层意思是根据情景和条件，做出恰当的举动。代码切换对于孩子处理朋友关系起着相当重要的作用。擅于代码切换的孩子，能够在同伴笑时自己也一起开心，同伴玩时自己也一起参与到游戏中，知道友好相处的方法。但是不善于代码切换的孩子，社会交际能力就要差很多，在朋友关系上会费不少周折。对于随时改变的朋友关系和具体情境，这类孩子无法做出即时反应，只是以一种状态模式来回应。对于这类孩子，需要父母加以指导，让他们学会如何和同伴沟通、交流，如何表达自己的内心想法，如何接受他人的观点等。

美国著名儿科大夫列文（Levine Mel）博士主张，当孩子因为人际关系问题感到内心疲惫时，建议大人说"看来那些孩子让你感到很头疼"，而不是说"那些坏孩子要是再欺负你，你就干脆不要理他们"，因为孩子没法不在乎那些孩子。这个时候，正确的方法应该是对孩子的处境给予充分的理解，并且让孩子感受到家人们对他充满信心，能够独立解决这样的问题，通过这种方式给孩子莫大的鼓舞。

如果孩子在学校遭到"校园欺霸"，家长应该抛开手里的事去学校与校方及老师进行积极的沟通。无论孩子遭受的是语言上的还是身体上的欺负，或是被集体恶意冷落，当孩子经历痛苦时，家长采取何种态度以及如何反应，对孩子非常重要。这个时候，首先要让那些实行"校园欺霸"的孩子以及校方和老师们明白，父母是（被欺凌）孩子强有力的后盾。进而申明，一旦这种行为继续下去，将会导致何种后果。因为很多时候，大人都只是认为这是小孩子之间的问题，认为是受欺负的孩子身上存在问题才会导致如此，于是孩子受到的欺负被轻描淡写。这时应该明确告诉他们，这个问题并不是受欺负孩子的问题，而是折磨小伙伴的孩子的恶意行为。

让孩子信服和遵从老师

也许大家都听说过"安慰剂效应"。给患者服用维生素片等假药，并告诉患者吃过这种药，就可以痊愈，神奇的是，患者服用一段时间后，病情果然好转。更神奇的是，患者对医生的信任度越高，其效果也越显著。这就是精神的力量，信任的力量。

孩子学习也是如此，是否对老师怀有绝对的信任，将直接影响他们的学习效果。因此，家长有必要引导孩子尊敬和服从老师，这是家长义不容辞的任务。即便是家长对孩子的班主任心有不满，也不应该在孩子面前流露出来。如果当着孩子的面对他的老师加以诋毁，对老师的实力和资质评头论足，表现出对老师的轻视，孩子也会照搬家长的思维，由最初的深信不疑转变为轻视老师，排斥校园生活，这个过程并不需要太长时间。说到底，是家长的轻率态度，最终让自己的孩子受到了校园生活的负面影响。

至少在孩子上学期间，应该信任老师，把孩子放心地托付给老师。一旦孩子背地里说老师的坏话，或者因为老师的一些言语表现得受到伤害时，家长应该直接与老师面对面地坦诚交谈。如果觉得老师的教育方法不适合孩子，也可以和老师一起探讨其他适合的方式。身为老师，都希望自己班里的孩子能有出息，因此只要家长不是太过冒犯，老师都会坦诚接受家长的建议的。而且家长对其子女表现得非常上心，老师自然也会更加重视这个孩子，这都是人之常情。对于孩子的老师，应该始终尊敬，并且当成是志同道合的朋友，那么和老师相处和沟通，也就不会那么困难了。

让孩子感到家的舒适和安全感

家庭氛围和家庭成员关系，是孩子非常重要的心理环境。家庭成员之间无一例外都冷冰冰的，不善交谈，或者动不动就大声吵架、谩骂的家庭环境里，奢望孩子能平静地埋头学习，是不可能的事。只有当孩子内心感到舒适和快乐，并且能自由表达自己的意见时，孩子才能集中精力学习。

放学后让人归心似箭的家、没有任何约束的家、放下书包可以发呆的家，能够让孩子把当天的心烦劳累卸下来，安心准备明天的事情，才算是真正的家。

刚放学还来不及歇口气，就要马不停蹄地赶往补习班，这样的家对孩子意味着什么呢？放学后连和同学一起去吃冷饮的半小时也抽不出来的家，对孩子来说，只能是一个像鸟笼一样充满压抑的地方。因此我建议，允许孩子在放学后慢悠悠地回家，而不是赶火车一样，当然这样做的前提，是确保放学路上没有危险因素。

父母对待孩子的态度也同样非常重要。何不做个开明的家长，让孩子能无拘无束地大胆说出自己的真实想法，而不必担心会不会遭到父母的痛骂？孩子上学后，在学校这个小的社会环境中所要承担的事情，远比我们想象得要多。每当孩子情绪低落时，如果父母能够坦诚接受孩子的诉说，孩子就会消除来自校园生活的精神压力。如果父母动不动就责骂、说教，孩子只能掩饰自己内心的真实想法，学会说谎。想要教育孩子，最好是找一个孩子能够自然接受的时机，用孩子能够接受的方式来开导，这也是家长与孩子沟通的智慧。

如果父母自身有很大的压力，经常把孩子当成出气筒，或者对孩子的学习不闻不问，那么只能让孩子对家庭失去亲切感，与父母渐渐疏远。父母要清楚，大人的问题不要牵扯到孩子，无论发生什么事情，都应该尽量给孩子营造舒适、快乐、安全的氛围。

学习应该是孩子和父母共同参与的任务。虽说学习、考试、上学这些行为都是孩子去做，但父母应该把这些视为全家共同的行为。如果家庭氛围不和谐，孩子内心的负担和想法会很多，导致无法专心学习。如果家长真的希望孩子能学习好，那么就尽量给孩子创造最佳的环境，这不是说要多么富丽堂皇的房子，或者多么舒适高级的设施，而是在已有的环境中，尽量创造出最佳的氛围。

体力起伏不定，成绩也随之变化

孩子开始上学后，就会加大活动量，随之会出现一些健康方面的问题，这个阶段，家长应格外留意孩子的营养和睡眠问题，注重防病措施。尤其是孩子在外的时间变长，会更容易感到疲劳，一旦疲劳累积下来，就会降低免疫功能，经常患些小毛病也容易导致过敏，因此应让孩子在平时注重健康，保持好的体力。

学习需要一定的耐力，这种耐力来源于体力。体力消耗殆尽，学习本身就会变得困难许多，因此要时刻呵护孩子，避免让孩子感到劳累。平时也应该加强安全防护方面的教育，让孩子避免在上学路上或游玩时受到意外伤害。

体质跟不上，学习就无法得到保障

关注孩子的学习固然重要，更重要的是如何让孩子吃好。均衡的营养餐对于成长期的孩子来说可谓是金不换。孩子的发育会按照自然生长规律逐步成长，但是环境对其的干预作用却不可小觑。一旦营养跟不上，就会造成营养失调，妨碍孩子的骨骼生长，严重时甚至会引发神经系统的问题，对大脑发育的影响相当恶劣。

孩子处在饥饿状态或营养失调时，无法正常学习。因此，在美国的学校中，会对无法正常吃早餐的低收入家庭的子女专门提供免费的早餐。吃好了才有精力学习，才能提高成绩，这是简单而又现实的问题，而且早已被学术界论证。

忙碌的早晨，人们往往连坐下来吃早餐的时间都抽不出来。爸爸妈妈要准备上班，把孩子叫醒，为他们做好上学准备，忙碌得仿佛上战场一样。有时候为了避免迟到，就不得不全家饿着肚子出门。因此我建议，最好是在前一天晚上提前预备好三明治这些简便的食物，以便忙碌的早晨方便抓在手里吃。虽说这是不得已的方法，但是必须这样努力确保体力，才能够产生持久的耐力，有力气学习。

其实妈妈们稍微用心一些，无需太多工序也能确保孩子吃上有营养的三餐。妈妈们可不要忘了，让孩子摄取均衡的营养，增强他们的体力，是妈妈们不可推卸的责任。切不能发生因孩子体力不支，而不能专心学习的悲剧。

做完功课，立即让孩子入睡

睡眠的重要性已被广泛认识，而且有许多学者对睡眠进行了专门的研究。我也曾和我的教授一同做过孩子的睡眠和学习能力方面的课题研究。综合一下研究结果，大致如下：

低龄儿童每天要确保8小时以上的睡眠，才能集中注意力，减少瞌睡，行为举止也更加沉着。反之，如果睡眠不足，或者入睡困难的孩子，不但注意力下降，在学校的生活显得散漫浮躁，成绩也一落千丈。另外，那些睡眠充足的孩子，从小就表现出很强的学习能力，而且这种能力能够保持相当长的时期。

在我们看来无所谓的睡眠，却能引发孩子出现行为问题，甚至影响到学习，这种研究结果给了我们很大的启示。人们在忙碌时，往往首先想到的是减少睡眠时间。也许在人们看来，减少其他方面的时间，远没有减少睡眠时间方便吧。但是如果真正想要孩子学习好，哪怕在其他环节上节约时间，也不应该在睡眠上"偷工减料"，应该给孩子充足的时间睡眠。

睡很重要，但更重要的是如何睡。简单说，就是要确保孩子熟睡。那就要避免孩子在睡前过分兴奋，或者心情压抑，尽量确保孩子哪怕睡一个小时也能睡得深、睡得踏实。还有一点，那就是学习完后直接入睡，能加深学习的记忆。如果孩子在学习完后再看看电视，或者和朋友聊聊天，放松玩过后才进入睡眠，所背诵的内容就没有时间放入大脑里的记忆储存仓库中。因此，最好是晚饭后先让孩子洗漱，做完其他该做的事情后再安心学习，然后直接入睡。家长要努力帮助孩子形成这样的生活节奏。

为孩子寻找适合的运动项目，也是父母的任务之一

对孩子来说，运动占据生活的很大一部分。体育好的孩子所具有的自信心非常强，而且这份自信心还会波及其他领域。就像我家的小儿子，运动细胞特别发达，虽然不喜欢游泳项目，但是他一直在踢球。直至现在，他也常常提起以前踢球的经历，这为他今后的诸多领域带来了不可估量的好处。和同伴们一起参加体育活动的经历，不仅使他全身焕发着青春气息，而且保持

高度的精神集中，也有助于培养社会能力，身心都得到了很大的锻炼，对自己的成长起到至关重要的作用。

让孩子参加体育运动，有诸多好处。首先，想要做好体育运动，就要有快速反应的大脑，而且身体各部位的肌肉也要相互协调，这些都非常有助于孩子的成长发育。因此我建议，时间允许的情况下，让孩子参加一些运动兴趣班，只要不是过分激烈的竞争性项目就好，可以让孩子长期坚持下去。每周和同龄伙伴相聚一两次，搞些体育活动，一起消磨时光，尽情地流淌汗水，不仅有助于孩子的健康，还对他们的大脑发育非常有益。如果没有强大的体力，就无法保障正常的学习。因此，为了培养孩子的耐力，可以给孩子选一两个项目来坚持进行。

如果孩子认为棒球、足球、篮球这种竞争激烈的集体项目有些吃力，那么可以让孩子做一些游泳、跑步、跆拳道、击剑等独立的项目。当然，如果孩子没有这方面的天赋，运动神经不够发达，而且对体育活动不感兴趣，那就不必勉强孩子来进行。父母可以在平时多陪孩子走路散步，或者在家里做一些伸展体操运动，寻找适合孩子的方式坚持下去，以增强孩子的体质。当然，如果发现所选的项目妨碍了孩子的正常生活，或者孩子对进行体育活动的周边环境不太满意，或者孩子在气质天赋上不适合目前的项目时，父母要适时变通，为孩子更换项目或者调整适合的运动时间。

呵护孩子的健康，从呵护心灵开始

孩子体弱或者容易疲惫时，就无法充分发挥自身的潜力。如果孩子小病不断，那就有必要重新审视一下孩子的日程安排。这有可能是因为孩子的内心接受能力太弱，导致压力过大，也有可能是因为免疫力下降，对病菌侵害的抵抗力太差，或者存在重大的疾病隐患。无论是何种原因，如果孩子的体力无法承受当前的日程安排，那么就应该果断地调整孩子的日程。可以选一两个与学业无关的日程，先搁浅一段时间，静观孩子的状态变化。

另外，孩子感受不到来自父母的关心，或者家庭氛围紧张压抑时，孩子也会感到无法承受，导致生病。好比是新生儿用哭声来表达自己的需求一样，生长期的孩子也会因为体力上无法内心压力，用生病的方式来向大人通报自己的当前状况。因此，孩子生病时接受专家大夫的诊治固然重要，父母也不要忘了对孩子的生活和情绪状态进行一个全面检查。

提高孩子成绩的课外辅导的关键

如今的孩子,被各种兴趣班围绕着。那些与学习直接挂钩的自然不必说,其他类似体育、才艺、游戏等各个领域的兴趣班,也都成为热门选择。但是,就算是举国掀起人气浪潮的活动,也并不一定对自己的孩子有利,而且并不是只有参加社会价值高的课外活动才是对孩子有益的。

为孩子选择兴趣班,首先要看孩子是否感兴趣,对学习是否有利。刚开始不宜操之过急,应该抱着发现孩子兴趣点的想法,来给孩子报兴趣班。对尚在成长期的孩子施以各种压力,抱怨孩子"你怎么连这个都不会?""才练两个月就放弃了,早知道当初就不给你报这个班了",只会让孩子变得畏缩胆小。应选择孩子感兴趣而且家长有能力全力支持的项目,如果这个项目对将来考大学或者就业有益,那就更好了。

拥有资格证,并不等于具备了竞争力

据说我国可以签发的资格证多达2千多种,其中针对学龄前儿童及小学低年级学生的也占相当大的比例。如果是为了丰富自我,让自己多一些才能，那无可厚非，但是如果只是为了在未来的竞争中多个砝码，而一味地专注于考取资格证，就没有必要了。因为拥有资格证并不等于就拥有了成功的保障。

孩子本来就已经被接踵而至的补习班忙得团团转了，还要被逼迫着去考取各种资格证，这只能说是大人们自私的想法，用牺牲孩子幸福的方式来换取大人的心理安慰。如果孩子学习好、有天赋，那么慎重考虑后考取一两个资格证倒是能为孩子增强技艺、提高信心，而且考取资格证过程中的种种经历，对孩子也会是一个崭新的体验，所以是值得尝试的，不过首先要经过慎重的考虑和选择。没有这个资格证，孩子会失去多少？而有了这个资格证，孩子又会收获多少？孰轻孰重，应该冷静判断后再决定。认为资格证多多益善，多一个，竞争力也多一些，对将来上大学也有帮助，这是不够理性的。

孩子将来要往哪个方向发展？孩子感兴趣的究竟是哪个领域？随着答案的不同，资格证的分量也不一样。如果说这个资格证和孩子的前途有关，或者能巩固孩子的理想，那么在不妨碍学习的情况下，可以尝试一番。英语或计算机这类与学习直接相关的资格证，能给孩子带来一种成就感，因此，让孩子从小准备这类资格证的考试，也是明智之举。

竞赛，通过选择确保竞争力

参加竞赛是一种荣誉。在公开竞赛中获得成功，可以使孩子在同龄伙伴中得到认可。因此，平时多参加校内外的各种竞赛活动，没什么不好。但是凡是竞赛都跑去参加，无疑是耗费孩子精力的一件事情。人的精力是有限的，要选取孩子最擅长的科目，有针对性地去挑战。参加竞赛，需要确立明确的目标，并针对目标进行选择。

我也曾让我的孩子积极参加写作、英语、数学等各种比赛。他们在竞赛中获奖的经历，在他们填写大学志愿书时，起到了相当有益的作用，从这点来看，参加竞赛和考取资格证是有着明显的区别的。如果参加竞赛获得的奖项不是各个领域的小奖，而是某一领域的大奖，那么足以说明孩子不仅在所在的区域，而且在更大的地区都有着很强的竞争力。尤其是省级、国家级等大规模具有可信度的机构筹办的竞赛活动，由于能客观评价孩子的专业特长水平，因此一旦在这些竞赛中获奖，对于孩子的升学将起到直接的帮助作用。

现在很多学校经常举办各种形式的竞赛活动。可以根据竞赛的类别，有计划地让孩子去准备。刚开始可以让孩子以校内获奖为目的进行准备，然后再把目标定在校外举办的大型竞赛上，循序渐进地培养孩子的竞争力。所以，家长也应该有意识地多关注校内网站，并且多留意教育厅的各种相关信息，随时为孩子做好准备。平时多加留意哪些竞赛能对孩子有实质性的作用，对于选择竞赛项目、筹备参赛等都相当有帮助。

孩子能在竞赛中获奖固然好，但是即使没能入围，至少也可以让孩子在筹备比赛的过程中，对自我能力进行一个评估，并且可以体验到全新的竞赛风格。不一定非得拿奖，让孩子在公平公正的评审中与其他孩子竞争，本身就是难得的经历。所以，家长有必要让孩子意识到比赛的真正目的，并不是只有得奖才是参赛目标，重要的是让孩子切身感受到逐步发展的成长过程。

特别提示

留学成败，取决于父母如何引导

　　我当初是因为自己要考学，所以在前往美国时连孩子也一起带了过来，这样孩子们就可以在我身边成长了。但是我并不主张为了供孩子学习，父母中的一位跟着去国外陪读，或者过早把孩子送往国外留学。如果坚持要把孩子送到国外留学，至少也应该等到孩子上高中，而且要制订一个前景规划，或者干脆像我这样，妈妈有自己的学位要学，把孩子也一同带过来。

　　如果选择了早期留学，并且由妈妈陪读，建议妈妈们不要太过消极，而要积极地介入到孩子的留学生活。说得通俗一点，单纯地接送孩子上学，准备早晚饭菜，为孩子整理屋子，这种消极的保姆式照顾对孩子的留学生活根本没有帮助。我建议陪读的妈妈们，自己也努力把英语学好，平时多与孩子学校的老师见面沟通交流，并要加入家长协会，积极参加校方的活动，充满自信。另外，还要熟悉一下学校的教学计划安排，和孩子一起制订学习计划，并经常邀请孩子的朋友来家里互动。

国外留学，尽量等到孩子上完高中再定

　　如果让孩子一个人去国外留学，最好是等到孩子上完高中以后。无论是小学、初中、高中还是大学时去留学，在孩子步入正常的留学轨道之前，父母应该充分发挥其作用，做好引导工作。父母通常会讲些类

似"爸爸妈妈熬了半辈子，才有条件送你去国外留学，以后就看你自己的了，要好好学习"之类的话。孩子不可能因为换了个环境，就一夜之间长大成人。学习和成长，虽说都是孩子自己的事情，但是如果家长不提前做过细致的准备工作，盲目地把孩子送往国外，最终失去的，恐怕不仅仅是和孩子相处的时间。家长必须明确意识到，这种毫无准备的行为，很容易导致和孩子疏远，甚至失去孩子，因此一定要在事前做好万全准备。

就像驶向大海的船，起航时速度很慢，然后再慢慢提速一样，送孩子独自去国外留学，也应该一点点放手。必须做好充足的准备，让孩子在家长完全放手的情况下也能够独自生存，不至于触礁。"知识就是力量"这句话，也同样适用于留学生涯。为了降低留学失败的概率，必须事先预计到孩子在国外独立生活时可能遇到的各种情况，防范于未然。而且还应了解目标国家的文化和社会体制，据此制订未来的计划，使孩子明确留学的目标。在着手准备这一切的过程中，家长也会切身感受到让孩子独自一人前往国外去留学，其实是一件多么重大、令人担忧的事情了。

在此，我想送给那些打算送孩子留学的家长四条箴言：

第一，留学前的准备工作

前些天，女儿翻开刚来美国时写的日记，不禁捧腹大笑：

"妈妈，我来美国之前一直觉得自己的英语学得挺不错的。现在看来那时完全是满嘴蹩脚的英语啊。你听听，ice cream corn竟然被我写成了corn ice cream，而且这个caught也成了catched？不是hurt，却冒出个hurted？这又是什么？哈哈哈！"

不少家长认为，留学准备=英语学习。正因为他们有这样的错误认识，所以在孩子正式出国之前，恨不得让孩子把英语单词书背下来。按他们的说法就是："去美国留学前，至少要提前三个月开始集中突击英语辅导。这样到了国外才能更快地适应。"

这种临阵磨枪式的英语学习，其实没多大用处。就算突击狠抓了几个月，英语能力也不可能突飞猛进，背过的单词，过不了几个月，可能就会忘得一干二净。花那份钱，还不如跟孩子吃顿温馨的晚餐，席间其乐融融地讨论一下有关留学的担忧、计划、前景等话题。剩下的钱，不妨看看平时热衷的外国电影，建议多看看迪斯尼电影，对提高孩子的听力有好处。英语，在踏入美国国土的那个瞬间，孩子自然就融入到那个语境中，不得不去学习和听说了。

其实对即将出国留学的孩子来说，真正需要的并不仅仅是英语，而是对于自己未来的一个整体规划和自我审视。在国外面对陌生的外国人时，也能够坦然地交流，充满自信。除了这些，也可以到国内各个地方游览，锻炼自己的身心意志，或者去需要义工的机构帮忙，把自己的爱心和时间奉献给需要的人们，这些体验都会对孩子非常有益。

当然，我并不是说英语这块儿可以完全放手，只是说要让孩子在留学之前意识到自己生活的目标，明确自己关注的焦点在哪里，这远比学习英语重要得多。把一个只会说一口流利英语，却对天下事充耳不闻的书呆子独自送到国外学习，认为是非常冒险的一件事情。既然决定要送孩子去国外留学，那么当务之急就是要让孩子具备豁然的心境，以便顺利充实地度过留学的时光。只有具备了正确的求学心态、离开父母独自闯荡的勇气、面对困难委屈时足够坚强的内心，才可以放心地让孩子远赴异国留学。

第二，选择什么学校？

大学，通常有规模大和小之分。相对来讲，排名靠前和靠后的学校，应该是各有其优点。大的学校，中国留学生应该也相对更多一些，看到熟悉的东方面孔，对于异国求学的学子来说，无疑是一件倍感亲切的事情。选择这种学校时，可以轻松地结识新朋友，还能缔结良好的同窗关系。而且师资队伍中，包含研究课题经验丰富的教授的几率也会更高。

说起教授，通常被解读为只是教学生书本知识的教书先生。其实，教授通常都要具备三方面素质：讲课、研究、社会公益，这三个方面的优势必须达到均衡。排行越是靠前的大学，其教授当中重视研究的比重也越多，越是靠后的大学，则重视授课的教授偏多。因此选择了排行靠后的大学，通常能遇见许多讲课出色的教授，听到高水平课程的可能性也就越高。相对而言，越是选择排行靠后的大学，越容易得学分。当然，任何学校都免不了有那么几位性格怪异的教授，或者是吝啬于学分的教授。

如果是知名度不高的无名学校，入学则会容易得多。在这样的学校里，结识外国朋友，相比大学校反而会容易一些。而且环境导致留学生不得不使用英语，于是英语突飞猛进的可能性也很高。不过，不说汉语，并不等于英语水平就会提高。要知道，如果消极度日，不付诸努力，同样免不了孤单地度过几年留学生活后，便灰不溜秋地回国的处境。

站在家长的立场上，可能更愿意把孩子送到本国留学生较多的学校去留学。但是如果孩子在异国的交际圈子只局限在本国人当中，那么提高英语水平受限肯定是不容置疑的。而且这也不利于客观地了解美国全面的生活面貌，只会看到一个侧面而已。经常在本国留学生圈子里玩儿，也就必然导致不可能结交到更多的外国朋友。可以说，这种生活还是没能摆脱国内的模式，只不过是把背景换成了美国大学而已。

当然，我并不是要片面地强调多和外国人接触的重要性，我只是想告诫大家，如果片面地接触美国生活的一个侧面，而不去全方位地了解这个国家，那么几年下来，留学的意义很小，而且还会失去很多积累丰富经验和让自己更加成熟的机会。

第三，毕业时成绩如何

和国内一样，美国大学的学分制度也相当严格。如果成绩不达标，教授还会给你F的成绩。在我的班上，这个学期没有用功学习的两个学生，我也毫不留情地给了他们F。根据学生的能力，如实地给他们C或D学分。这一点上，就算你是留学生也不例外。

有不少学生平日埋头啃英语课本，周末忙于释放自己，尽情玩耍，既要跟上晦涩难懂的教学内容，又要用英语完成作业，拿不到好成绩的学生大有人在。由于要重修那些考砸的科目，许多学生甚至无法在4年内正常毕业，要经过五六年才拿到极低的学分勉强毕业。虽然就职面试时不要求提供成绩单，但是差成绩单无疑是让你的形象大打折扣的负面因素。尤其是当你打算考研究生时，这些坏成绩会成为一个致命的弱点，因为成绩往往是衡量学生大学生活质量的一个参考标准。

对留学生来说，就算一周七天的时间一点都不浪费，也会觉得时间不够用。因为用英语写课堂笔记，对于留学生来说，也是非常困难的事情。有不少留学生提交作业的内容不错，但是因为语法问题，只能拿个低分，很可惜。如果想要拿到高分，就必须根据各个科目教授的风格，制订相应的学习计划，在学分上下一番苦工。这个过程，既是一种学习，也是让自己走向成功的必经之路。

第四，如何有效利用时间

想要让留学之路顺利，就必须学会合理利用时间。从跨入大学门槛的那天开始，就应该为将来的求职做好积极的准备，想等到毕业后再去找工作，就为时已晚了，所有的经历、学业、行为、活动都将成为你将来谋职的坚实跳板。最晚也应该在大三时开始紧锣密鼓地为毕业做准备，而且在大三、大四暑假期间，要去体验一下与自己期望的职业相关的工作。如果选择继续考研，那也应该早早做好准备。有关将来的计划，从来都不会嫌早。

以两个半月的暑假为例，进入大学后，利用暑假的机会只有三次，第四个暑假已经算不上是暑假了，因为已经临近毕业时间。美国大学生通常会在假期参加就业见习活动。也有学生会利用季节性学期（一些大学在假期开设的课堂周期）听课，以减轻高年级时的听课压力，或者为提前毕业做好准备。当然，也有学生为了筹备学费或者零花钱出去打工，但是他们并不会盲目地选择工种，而是慎重地去甄选，因为这些打工经历同样可以写入履历里面。

留学生大多会在假期回到国内的父母身边。如果利用假期时间既能和家人在一起，又能兼做一些见习活动，当然是两全其美的事情。但实际上，许多学生只是在家里待上一个假期后，直接返校。如果三年的假期都这样度过，就无法积累能够与他人竞争的资历了。到时候你会觉得履历表上没东西可写，相比那些四年来一直努力奔波的同学，你会觉得自己的经验单薄了许多。虽说留学生打工会受到签证等诸多方面的限制，但是每个学校都会通过各种方式为学生提供积累经验的活动项目。留学生们应该有效利用这个条件和资源。想要让自己有足够的竞争力，就必须让你的想法和行为具有竞争意识。

能出国留学就万事大吉？不！进入好大学顺利完成学业就可以了

吗？不！留学并不只是为了学好一口流利的英语。不要把孩子一个人放在危险的帆船上任他独自去闯荡。要提前制订一个计划，做足前期准备工作，给孩子足够驾驭舰艇的能力。

我曾问一个学生，为什么选择留学？他嘻嘻哈哈地回答："当然是为了学英格丽师了。"我倒是希望孩子能堂堂正正地回答："为了体验人生！去体验社会！"也许这才是指引孩子的留学之路走向成功的坚实基础。

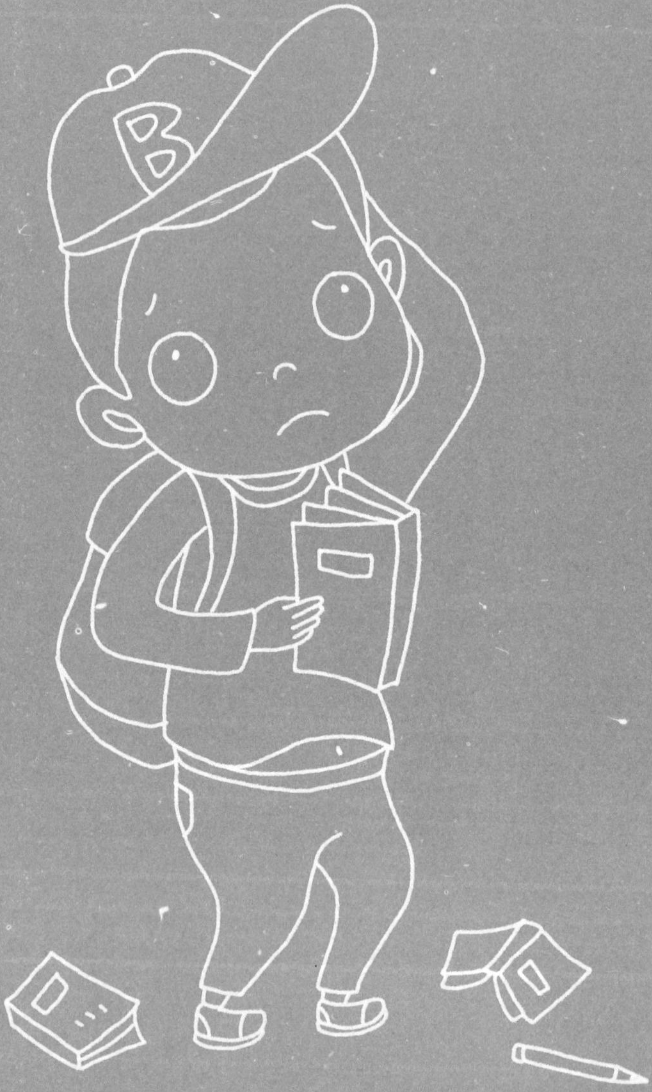

第五章

努力地学习，但是成绩却没提高

要了解学习的方法，而不是窍门，
成绩才能提高

恐怕没有哪个父母没为孩子的学习操心过。"调皮捣蛋也好，惹是生非也罢，只求乖乖学好习。"每个家长都希望自己的孩子能学业有成。也许是这种需求作怪，有一些不良商家趁此大捞一把，热卖一些万能药一样的所谓学习秘方。"只要精通这个秘方，孩子提高成绩也就是时间的问题了。"假如望子成龙的父母听到这样的话，肯定会立马掏钱。"真的？真有这么神奇？只要孩子学习成绩能提高，还有什么舍不得的。"当然，有时也会对此半信半疑，但是抱着侥幸的心理，最终还是会被说服。铺天盖地的学习秘方，是否真的有那么神奇，就无从而知了。

不要过分迷恋秘方，孩子第一

曾一度流行的利用概念图（concept map）方式的学习方法，是把孩子所要学习的内容，用图表或图画形式画出来，宣扬只要掌握了这套方法，就会让孩子的学习成绩突飞猛进。其实这不过是盲人摸象一样的模糊概念罢了，并不是掌握了概念图方法，就能学习好。但是想要提高学习成绩，利用概念图这样的意识，将头脑里的知识进行归类整理的方法是正确的。这好比是桌子上放一双筷子就声称是山珍海味一样，实属荒谬。筷子是吃上山珍海味的必备条件，但仅靠它绝不能代替一桌的美食。

　　有段时间还曾时兴过调节孩子脑电波的学习机器。它的形状类似耳机，戴上后里面传出一定的节拍，孩子把注意力集中在节拍上，机器就调节了孩子的脑电波，能让孩子更加专注于学习，从而使他们提高学习成绩。当时许多妈妈抢购这种神奇的机器，但是却没听到有谁确实得到了可喜的效果。如果真的像所宣传的那样，只要带上它就能让孩子高度集中精力专心学习，那当然是一件好事。但是事实上带过它的孩子，不但没有集中精力，反而被里面传来的声音弄得心情烦躁，没法专心学习。

　　花大钱买来的机器，就那么落满了灰尘，孩子还是过去的孩子，丝毫没有改变，只是徒增了家长和孩子的烦恼。也有一些人表示见到一定的成效，但是谁也无法辨清，这到底是机器发挥了神力，还是人们潜意识里的期待效应所致，又或是孩子被妈妈对自己学习的投资热忱感动，突然发奋读起书来导致的。

　　后来还流行过"发现学习法"。于是孩子们又热情高涨，自己动手做实验、制作，乐此不疲。对于"发现学习法"能让孩子提高成绩的说法深信不疑的妈妈们，还纷纷组成组合，为孩子进行"发现学习"。当然，当年这些头脑发热的妈妈中也包括我。我的初衷是希望孩子能通过"发现学习"提高学习成绩，虽然这种方法本身并不奏效，但是我很快发现了这样一个道理：孩子探索和认清概念的过程，才是真正有助于学习的因素。

　　再说说自我主导学习法。所谓的自我主导学习法，就是孩子靠自觉自悟，具备独立学习的能力，并且意识到学习的重要性，在学习上占主导地位，从而带动学习成绩。如果说孩子能够自己确立目标，并且按照计划扎实学习，还能体现责任感，那么这当然是令人欣慰的。问题是，孩子年龄还小，对自己所具有的实际能力尚不能有个理智明确的评估，因此往往会出现过分夸大自我能力的倾向。也由于他们各方面的经验不足，对于处理各种信息还很不擅长，还没有具备这方面的能力和心理准备，因此，家长在一段时间内，还是有必要去引导孩子的成长，集中训练孩子的能力，并且提供各种机会，让孩子能在各种尝试中积累经验。另外，孩子对于自己的情感还不能准确把握，所以情绪往往起伏较大，这就更需要家长适时地对孩子讲解道理，并从多角度来为孩子灌输事物的因果关系，从而促进孩子的认知发育。了解了这些之后，家长就应该有所领悟，所谓的"主导学习法"更需要家长的正确引导。事实上主导学习法本身是相当有效的学习法，但是在孩子尚未具备一定的能力时，就放任孩子自己去领悟，把一切都推给孩子自己来承受，以为这便是大功告成，只能是拔苗助长了。

　　正如上面所讲，各种琳琅满目的学习秘籍，就像一阵风一样流行一段时期便很快消失掉。其中也不乏一些方法，是由于家长的误解，错误地给孩子使用，因而没收到预期的成效。尽管这些秘籍匆匆而逝，但是其中还是有一定的原理是值得借鉴的。当然，急功近利的家长，还是每次会对新的秘籍软了耳根子，一如既往地掷金购买。要明白，任何一种秘诀都不可能一下子转变孩子，想要让孩子学习好，就要尽可能地从身边着手，积极有效地利用身边的资源，擦亮眼睛，选择适合孩子的学习方法，时刻谨慎，力求稳步发展。

了解了孩子，才能找到最佳的学习方法

想要让孩子学习好，就不能投机取巧。正如我们的人生一样，学习也绝不是靠一两个技巧来实现的。想要提高成绩，可以借鉴许多切实有效的方法。但是不论那些方法怎样花样翻新，它们背后的原理却非常简单。父母应该引导孩子踏实地积累实力，选择适合孩子的方法。

敢问各位家长，是否对自己的孩子做过认真严肃的分析？成绩持续下降，是不是孩子的学习模式有问题？不妨一个一个排查。可能孩子一整天都乖乖地坐在书桌前，但是成绩就是不见提高，那么就应该考虑一下，孩子是不是沉迷于课外读物或者网络游戏之中。如果不是这样，孩子的确在埋头苦学，但成绩不见好，那就很可能是学习方法的问题了。

说了这么多，究竟什么才是能让孩子学习好的方法呢？家长不妨先了解一下培养孩子好好学习的几个要点：

首先，对孩子当前的情况有个准确的认识。孩子学得怎么样？成绩差的科目，差到什么程度？哪些科目是弱项？哪些又是强项？当然，想让孩子学习好，智力要跟得上。因此，促进孩子大脑发育，可以说是当务之急。

● 确认孩子当前的状态

为了了解孩子的状态，我们先填一下下列空格。

> 每天放学后直奔补习班，晚上才能回到家，究竟对孩子的学习有没有帮助？

> ＿＿＿在参加＿＿＿之前是＿＿＿水平，自从学了＿＿＿时间的课，目前可达到＿＿＿水平。孩子的学习态度＿＿＿。由此可见，孩子正在上的补习班，对孩子＿＿＿帮助。

以英敏上数学补习班为例：

英敏在上数学补习班之前，数学成绩在班级50个同学里排第45名。自从上了三个月的补习班之后，还是徘徊在班里第45名。孩子的学习态度和以前没什么区别。那么目前的数学补习班，对英敏没有帮助。

虽然看起来方法很简单，但是这种方式可以随时对孩子的当前状态有一个准确的把握，而且对了解孩子的学习方法是否得当也很有帮助。简单地说，就是对开始上补习班时的成绩底线有个了解，经过一段时间的辅导（补习班、家教等）或自我努力后，再确认有了多大的变化。

第二，要了解孩子当前使用的学习方法。看孩子是自己独立学习，还是依赖他人帮助来学习，还是依赖家教辅导，还是只做课堂作业就完事，还是经常搞突击学习等。

第三，要了解成绩的类型，以及学习成绩差的原因。是学习不用功，还是孩子理解能力差；是学习算用功，但只要考试就考砸；还是学习时没有效率，只在书桌前消磨时间；还是根本就对学习本身没兴趣。这些因素是因人而异的。

在没有准确了解孩子的情况之前，是无法知道究竟要从哪里下手的。家长一般会认为，只要认真学习，就肯定能提高成绩。但是如果没有有效的学习方法，即便孩子再怎么埋头苦读，成绩也不可能提高，只能说是在"认真执着地做一件错事"。因此，学习方法不得不引起家长的重视。

第四，要创造良好的学习环境。环境条件分为两个，一个是物理条件，一个是情境条件。物理条件，指的是学习的周围环境、学习方法、学习时间等直接与学习相关的因素。情境条件，指的是能够投入学习的心理条件。如果孩子参加的活动过多，无法把精力集中到学习上，那么就应该适当地减少学习以外的活动。

● **用简易表格确认孩子的当前状况**

完成下列测试表格，就可以了解父母当前的心理准备程度。每回答"是"，加1分，合计之后就可以了解自己的准备指数了。

1. 是否给孩子提供了最好的学习环境？是/否
2. 是否了解适合孩子的学习方法？是/否
3. 是否知道孩子的需求？是/否
4. 孩子是否有效利用了时间？是/否
5. 孩子的学习量是否合理？是/否
6. 孩子的学习方法是否得当？是/否
7. 是否分析过导致孩子成绩下滑的原因？是/否
8. 课外活动是否对孩子的学习有利？是/否
9. 学习之外的活动量是否合理？是/否

准备指数详解

总分9：对于孩子情况了解较多，准备良好。

总分7~8：对孩子状况基本了解，准备程度较高，如果把其他没能关注的方面也加以重视，就没什么问题了。

总分5~6：需要给予孩子更多的关心，对于忽视的部分应给予全面关注，需要对孩子有更深入的了解。

总分2~4：可以说对孩子的情况了解甚少，应该对孩子的需求给予特别的关注。

总分0~1：对于孩子的当前状况以及孩子的需求根本不了解，应尽快制订彻底全面的计划，严格实行。

建议

　　这个测试中所涉及到的学习环境、学习方法、孩子需求、时间、学习量、成绩下降原因、补习的利弊、课外活动的合理性等，都是孩子学习好所必需的因素。在答题过程中，如果有一个或一个以上的问题没能完成或者犹豫不决，那就说明还欠缺这方面的努力。

学习好必须了解的3条原理

"此时这样""彼时那样",这种切割似的战略,在学习上是行不通的。靠这种短期方法,很难见到成效。因为每个孩子的强项、弱项、特点、学习环境、准备程度等都各不相同,没法用统一的"宝典"来进行指导。确保学习优异,最重要的还是要了解学习的原理。

理论和实际相结合,摸索出学习原理

前面我讲到,我是在不惑之年领着三个孩子来美国读博士课程的。既要专注于自己的功课,又要引导孩子的学习,常常让我感到身心疲惫,但是这段忙碌的日子,也是我收获最多的时候。其中之一,就是我能够经常去思考有关"如何学好功课"的原理问题,并且亲自付诸实践。

由于三个孩子都在上学,我这个妈妈也是读博的学生,因此家庭里的学习氛围很浓厚。而且把学习理论应用于实际的生活当中检验其效果,以我家的情况,应该是最适合不过的了。

之前我一直认为,有关学习原理的问题我应该是自有一套独到的见解,但是当我重新拾起学业时,却没想到自己也是费了不少周折。类似"只要认清目标认真学习,肯定能学好"的理想信念,显然是缺乏理论依据的,而且在实践这个信念目标的过程中所出现的问题,应该如何面对和解决,也让我彷徨不已。我终于意识到,没有系统的理论依据和信念,无论是谁,恐怕都不能在竞争中生存下来,必须先弄清做好功课的原理和有效的学习方法。

我去图书馆阅读了大量的有关学习方法和学习原理的书籍,并且把重要的内容都做了笔记和整理。在阅读了几十本这方面的书籍之后,通过认真研究,我从中整理出了三个原理。从那以后,我和孩子便按照这套原理,应用到各自的学习中,并且一一验证其效果,很快便对有效学习的方法有了一个坚定而又准确的轮廓。

其实这些原理说起来也没什么神秘。但是只要按照这三个原理,掌握下面我提示的具体要素,相信肯定会给您孩子的成绩带来质的飞跃。

第一,要了解自己。

学习的第一步,就是先弄清自己擅长的方面和不擅长的方面,兴趣是什么,担忧和害怕的是什么。对自己有个真实的评估才能学好学业。如果没有"自我反省"的精神,对自己缺乏了解,不懂得制订目标改善自己,就不可能改善学习。当然,对于年幼的孩子来说,自己完成这个过程,显然不太可能,因此家长应该积极出面,帮孩子确认情况。且不要被"我孩子聪明着呢""我的孩子学习肯定没问题"等这些盲目的乐观冲昏头脑,应该实事求是地客观评价。要知道,所有的孩子都有自己的优缺点,有喜欢和讨厌的课程,有些孩子不用太用功就能学得很好,有些孩子无论怎么努力,却始终停留在一个层面上无所突破。

不要期待孩子什么都可以做得很好,也不要奢望孩子样样都能出色。客观地分析和评价自己的孩子,为孩子弥补不足,才是这个时期父母该做的事情,也是让孩子学习出色的秘诀。

第二,要懂得概括和归纳,并牢记在大脑中

其实,学习没那么可怕。简单地说,学习就是把需要掌握的信息进行筛选、概括和归纳,然后储存到大脑里,等需要时再拿出来,如此反复的过程。在我跟随的教授中,有的甚至把厚如词典的书,而且是四本,指定为教材,并且要求我们把其中一本书背熟;也有一些教授,根本不需要教材,只是让学生自己查找相关论文,整理后发表。无论是背得烂熟的教材,还是查找论文后整理,二者从"无"到"有"的学习原理都是一样的。他们要求我的,无非都是把需要的信息进行筛选,储存到大脑,需要时拿出来使用。

孩子的学习也不例外。无论是通篇课文背诵还是记忆公式,最后都要看孩子是否能把所学的内容进行切割、咀嚼和消化。看了多少书,学了多久,都不重要,只有把所学的内容结合考试类型进行归纳后储存进大脑,在需要时准确无误地拿出来使用,才可能提高成绩。

第三，从目标开始逆流而上，也有不错的效果

　　学习计划的重要性，估计大家都很熟悉了，但是这需要把握好要领和技巧才能见效。如果一味地进行"一天多少页"、"一周多少量"的计划路线，那么估计过不了多久就会累得没了兴致。制订学习计划时，应该根据考试时间、提交作业的时间以及单元内容结束的时间来明确学习目标，再根据目标逆向制订计划。当你弄清了想要实现的目标是什么，并且以这个目标为起点，再来回顾当前时，你自然就能明白，当前自己应该做的是什么了。

　　假设两周后进行期中考试，那么以两周后为起点制订计划。倒计时两天，所有科目进行最后复习；倒数第三天或第四天，错题集锦重新过目一遍；再靠前的5天时间，做历年考题。还剩下的5天时间，需要再做一个具体的计划。按照这种方式制订计划，会比"再过两周就期中考试了，从现在开始我得开始准备了"的这种决心，学习起来更加有效。例如，11月29日考试，今天是11月15日，那么就可以按照下表的方式制订计划了：

11月29日	期中考试
11月27~28日	所有科目最终复习
11月25~26日	错题集锦重新过目
11月20~24日	做历年考题
11月19日	剩下的5天如何利用，具体安排一下 —
11月18日	—
11月17日	—
11月16日	—
11月15日	—

学习的基本条件1
集中

通常儿童可以集中注意力的时间是5~10分钟，基本上能坚持的时间跟自己的年龄差不多。例如，孩子8岁，那么他就能坚持大概8分钟，10岁就是10分钟，15岁就是15分钟左右了。因此，让一个还处在发育阶段，只能坚持10分钟的孩子，坚持30分钟老老实实地坐着学习，最初的10分钟还有点效率，余下的时间就很难集中精力了。

很多人都认为学习的时间越长学到的东西就越多，其实不然，投入到学习中的相对时间是最重要的。如果投入到学习上的时间较短，大脑处理这些信息所需的时间也会很少，因此很难确保质量。相反，如果不集中精力，即便花费了再多的时间学习，大脑里所储存的内容也不可能很多。

因此，孩子年龄尚小时，最好不要让孩子长时间做功课，可以把时间进行分段，每个休息间隙让孩子透透气，让大脑得到休息，稍后再投入学习，如此反复进行。

当然，也不能因此而每隔十分钟就提醒孩子"好了，不学了，休息一下！"从而打断孩子的思路。让孩子透透气，给大脑放松一下，只是希望能调节一下学习强度，这个时间可以由孩子自己调节。适当调整学习时间和内容，让孩子集中一段时间后，适时地放松一下，再集中注意力投入学习，然后再视情况进行休息。劳逸结合，孩子才不会感到疲劳。如果这种反复已经进行了三四次，那么就要来个大放松，让孩子放下书本，做个简单的放松活动，重新积蓄精力后，再重新开始学习。

使孩子的周围环境简单化

"嘘！大家安静一下！你们是否听到有一个奇怪的声音呢？"如果有人这么说，周围的人马上就会侧耳倾听。但事实上，在我们还没有集中注意力去倾听之前，耳边已经萦绕着这种声音了，只不过因为我们没有注意，所以一直被忽视。而当我们的注意力向那一方向进行搜索时，那个声音自然就会靠近我们了。

同理，如果一个孩子在课堂上根本不注意听讲，那么老师的课无论讲得多么精彩，对于孩子来说也只不过是一个噪音而已。只有当孩子上课集中精力，认真听老师讲课那一瞬间起，那些内容才与孩子产生联系。

世上所有的外界刺激与信息，只有我们集中注意力去关注时，才会被我们所捕捉。因而，如果我们想学习、想学好，首先就要集中自己的注意力。"注意力集中"是学习成绩优秀的首要条件。一个人不能同时对几件事情集中自己的注意力，当孩子学习的环境太过于嘈杂时，会导致孩子的大脑需要处理的信息过量，必然会降低处理信息的正确率，最终会导致孩子对学习过的内容没有印象，学习成绩当然要下降了。

当孩子学习成绩不够理想时，作为父母一定要观察孩子在学习过程中的注意力是否集中，同时也要检讨自己为提高孩子的注意力做过哪些努力。如果想帮助孩子提高注意力,就要将孩子的周边简单化,为孩子营造一个能将注意力高度集中的环境。我们的大脑只有在高度集中时,才能顺利地进行信息处理,才能记忆、学习。

提高注意力的方法

孩子的注意力随着孩子的年龄、发育程度、兴趣爱好等有所不同。对于自己喜欢的、有助于促进朋友关系的、感兴趣的东西,注意力的集中程度也会有所不同。因而在学习间隙,插入一些能够引起孩子兴趣的节目是非常有效的方法。

孩子小的时候比较随性,所以很难长时间集中自己的注意力。如果孩子的性格比较散漫,就需要减少不必要的刺激,以便孩子更好地集中注意力学习。

提前告诉孩子应该做什么,将来会发生什么事情,是帮助孩子有效处理信息、提高注意力的方法之一。即为避免大脑同时做太多的处理工作,提前在脑海里勾勒出一个全景图,让大脑有所准备。

孩子在同时考虑多个问题时,经常会出现跑偏的现象,这不仅仅是因为注意力不集中,也是因为那些信息的链接错位所导致。一般自制能力差的孩子身上经常出现这样的问题,这些孩子大多都想象力超群,但因过于散漫,所以学习成绩不佳。因此,在给予孩子充分的独自想象的空间同时,也有必要培养孩子的注意力。

对于那些注意力差的孩子,不妨使用一下秒表,利用手机或闹钟也是不错的选择。在孩子写作业的时候,规定完成的时间,这些简单的装置能有效促使孩子提高注意力。

教孩子思考与记忆的方法

学龄前儿童还不懂得如何系统地处理问题，也没有找到适合自己的学习方法。所以，想教给孩子某些内容时，要一次只教给孩子一种容易记住的简单方法。

例如，家长写了一封信，想让孩子转交给幼儿园老师，这时妈妈可以在给孩子衣服上夹别针的时候对孩子说："来，仔细看看这个别针啊，这是让你把信交给老师的信号啊。"孩子通过别针与信的联系，记住了自己要完成的工作，也学习到了记忆的方法。

在这一阶段，详细、反复地教孩子思考的过程与方法，让孩子自己悟出其中的道理非常重要，并且要告诉孩子不必急于求成，引导孩子自然地提高注意力。

测试孩子的思考能力

孩子小的时候，很难一次考虑多件事情，随着年龄的增长，孩子同时思考多个因素的能力也渐渐发达。例如，将两块一样大小的饼干放到幼儿园小朋友的面前，并将其中的一块分为两小块，然后问宝宝："你想要这个大块儿的饼干，还是两个掰成小块儿的饼干呢？"如果孩子说想要两个掰好的小块饼干时，可以问孩子为什么。如果孩子的回答是因为两个比一个多而选择了两小块，那么可以判定孩子的认知能力尚处于发育阶段。孩子目前只考虑两个比一个多这一事实，这就是瑞士著名心理学家皮亚杰所提出的"定位原理"。

对孩子提问："你有哥哥吗？"如果孩子说"有"，再问孩子："那个哥哥有妹妹吗？"如果孩子对提问迟疑或说"没有"或"不知道"，那么说明孩子的认知能力还没有发育到站在别人的立场进行思考的程度。

随着年龄的增长，认知能力会持续发育，孩子逐渐会明白一块饼干与将它掰成两小块的饼干一样多，自己有哥哥，同时哥哥也有妹妹。因此，作为父母在教孩子学习时，首先要弄清楚孩子的发育程度。

给予孩子集中注意力所需的时间

莹儿妈妈轻轻地推开了孩子的房门，望着女儿认真学习的样子，妈妈心里感到特别欣慰。

妈妈将水果盘轻轻地放到桌子上，温柔地说道："莹儿，累了吧？吃点儿水果再学吧！"

"不，一点儿也不累。我在写生日卡呢，明天是小熙的生日。"莹儿轻松地说道。

"是吗？屋里这么安静，妈妈以为你在学习呢。难道你一直在写贺卡吗？"妈妈原本温柔的声音变得严厉起来。

"不是的，不是一直在写，只是刚才写了一小会儿，马上又要学习了。"

"那贺卡一定要现在写吗？每次妈妈进来，你都在做一些与学习无关的事情。即使你努力学习，成绩也不见得能提高，难道你一点儿都不着急吗？"

现在我们一起回顾一下，莹儿妈妈哪些地方需要改变，才更有利于孩子的成长。看下面三个方面吧：

第一，只要孩子在书桌前坐着，就不要进去批评孩子。无论孩子做得对不对，这时应该让孩子自己支配时间。妈妈边送水果边表扬孩子，其实是一个错误的举动。孩子学习累了，自然会出来休息，那时再送去水果不迟。在孩子学习时送去零食，不仅没有达到鼓励孩子的目的，反而还打断了孩子的思路。

第二，坐在书桌前，不见得一定要学习。可以写信、打电话、上网等。儿童注意力持续集中的时间很短，所以对坐在书桌前的孩子，不要要求他一直集中精力学习。

第三，可以看出莹儿妈妈在向莹儿挑衅。莹儿也许真的是一直在学习，而写完贺卡后，她可能真的是要继续写作业的。假设一下，如果莹儿因此与妈妈吵架，原来的计划泡汤了，那么归根结底是妈妈妨碍了孩子的学习，也就是说这种方式的争辩不会对孩子有任何帮助。

妈妈怎么做才是正确的呢？首先，妈妈不要端着果盘进孩子的房间，如果非进不可，那么请尝试一下下面的方法：

"莹儿，学习累了吧？吃点儿水果再学吧。"

"不，一点儿也不累。明天是小熙的生日，我在写生日贺卡呢。"莹儿轻描淡写地说道。

"是吗，那什么时候开始学习啊？五分钟，还是十分钟以后？"

"十分钟以后吧。"

"好，过十分钟就八点二十了，开始学习时要告诉妈妈啊。"

然后，悄悄地离开孩子的房间。如果孩子真的从八点二十开始学习了，一定要表扬孩子。

从上面的例子中可以看出，妈妈在问孩子"五分钟，还是十分钟以后？"时，已经悄然间为孩子限定了选择的范围。此外，妈妈没有责备孩子，而是接受了现实，并进行灵活处理，通过在孩子遵守约定时给予的表扬，与孩子保持了积极的沟通氛围。

- 为孩子营造简单的环境，让孩子只对必要的事情集中注意力。
- 如果孩子注意力不够集中，请试用秒表。
- 请详细解释思考问题的过程与方法，并反复进行演示。
- 当孩子的认知能力尚未达到要求时，请等待两个月左右再试。
- 不要妨碍孩子，请为孩子提供充分的时间，以便孩子集中注意力。

学习的基本条件2
记忆

　　大脑也会疲劳吗？当然，这是毫无疑问的，同时思考多件事情或杂乱无章的事情时，更会加快疲劳。向大脑里灌输信息与往衣柜里放置衣服是同样的道理。我们假设最上面的格子里放了内衣与袜子，第二层格子里放了半袖衫，第三层格子里放了长袖衣服，第四层格子里放了裤子或裙子，第五层格子里放了钱包或首饰等。因为顺序已定，所以整理和查找时都很方便。但若毫无规律地胡乱塞进去，要找出一件衣服来会需要很长时间，尤其像袜子等物品若未成双整理好，那么到时要找出一双袜子来肯定会非常困难。

　　我们的大脑也是如此。若毫无计划、随心所欲地灌输信息，大脑接收信息时也许会很方便，但真正想要运用它时，却很难从乱糟糟的脑海中找出适用的信息。学习也一样，应梳理出重点与难点，有规律地输入大脑，才会取得好成绩。

大脑的有效利用

人的大脑很难同时处理5~7条以上的信息，假设我们要学习1到10的数字，这时大脑要同时处理1、2、3、4、5、6、7、8、9、10的十条信息。但我们可以将十条信息分成五组，即1-2、3-4、5-6、7-8、9-10，这时大脑需要处理的信息就减少为五条了。而如果三个为一组时，即1-2-3、4-5-6、7-8-9-10时，大脑需处理的信息就减为三条了。相比十条信息，通过以上方法将信息减少为五条、三条，才能更有效地利用大脑。

电话号码亦是如此。如果号码为0-1-0-2-3-4-5-6-7-8时，大脑需要背诵十条信息，但若分成如下三组，即0-1-0、2-3-4、5-6-7-8时，我们的大脑一次只需处理三条信息就可以了。这就是所谓的"组合"理论。

这种方式的组合与详略法，是帮助孩子提高学习成绩、加快背诵的重要方法。在学习中，要尽可能地避免大脑超负荷劳动，以预防大脑疲劳，提高信息处理的能力。若将这种方法充分运用到学习中，可将50页的内容缩减为1页，而只学习1页的知识就能掌握50页的全部内容，可达到事半功倍的效果。正确梳理，排列顺序，分好详略程度，将详略的内容记忆清楚并有效利用，是提高学习成绩的首要条件。

- 排好顺序输入大脑。
- 通过详略与组合，将学习的量减少到极点。
- 每次需背诵的量控制为5~7条。

学习的基本条件3

背诵

女儿刚过百日不久,我开始自己开车接送大儿子上下学,这种状况持续了半年多。因为没有人可以照顾女儿,所以每次都要带上女儿驾驶三十多分钟的车。当时,每次开车我都要给孩子播放英文歌曲,女儿有时会从安全带里挣脱出来哭闹,有时会安静地听歌。后来,大儿子转学后,我不用每天接送他上下学了,当然每天为女儿播放英文歌曲的机会也消失了。再后来,女儿上小学五年级时的某一天,我们路过音像店门口时,听到了11年前听过的歌曲。奇怪的是,女儿竟能毫不费力地跟着唱,而且发音、音调、节奏都非常准确。原来当年只有3~9月大的孩子,在自己也不知情的情况下,将歌曲储藏在了长期记忆库的某个角落里。

用有趣的方法强化记忆

像歌曲这种孩子感兴趣的事情,经过不断地重复就能被储存在长期记忆库里。孩子们喜欢的节奏，加上具体人物登场时演绎的有趣的歌曲，更能引起孩子的共鸣。

相反，死记硬背那些没有特别意义的抽象的内容，很难被长期记忆。因为这些内容即使被储存在了长期记忆库里，孩子也尚未成熟到能把它们贯穿起来加以运用的程度。

在我女儿还没满2周岁时，我曾与其他妈妈一起为孩子们组织过天才学习班。那个天才学习班的学习课程中有让孩子们背诵诗歌的环节。当时女儿背得非常快，在家长圈儿里引起了小小的轰动。但过后没多久，她就把曾经背过的诗歌几乎都忘记了，也就是说，这种机械地背诵抽象的单词的方式，对孩子的大脑发育和学习不会有任何帮助。即使孩子今后遇到了相同的诗歌，也很难再想起。若想提高成绩，借助好听的歌曲或节奏进行记忆是最好的方法。

有意义的背诵，才会持久

"春雨惊春清谷天，夏满芒夏暑相连，秋处露秋寒霜降，冬雪雪冬小大寒"，大家应该都会背这个节气歌吧，但是如果把它拆分开来背诵"立春、雨水、惊蛰、春分……"，相信大多数人会觉得非常困难，而且即便暂时背熟了，很快也就忘记了。因此，这种简短并且具有一定节奏感的节气歌，背诵起来就容易很多。

同理，在孩子背诵的时候，如果能让孩子把要背诵的内容与自己喜欢的歌曲或者物品联系在一起，这些信息就具有了独特的意义，背起来比较容易，也更便于今后运用、查找。因为寓教于乐更能让孩子积极开动脑筋。

- 找出孩子们感兴趣的东西。
- 需要背诵的内容,可以编成歌曲。
- 在愉悦的氛围里寓教于乐。

学习的基本条件4

准备程度

　　为尚未准备好的孩子讲授超出他接受范围的东西，完全是一种浪费时间的做法。通常可以看到，在孩子尚未做好准备时，讲了几年都没能理解的内容，当孩子发育到适宜的阶段后，自然而然就懂了。要知道，不可能让4岁的孩子学习乘除法，也不可能让小学一年级的孩子解微积分题。有时，在大人眼里一道非常简单的题，对孩子来讲可能难到极点，怎么解也解不开，这是因为孩子的发育还没能达到足以解那道题的程度。

　　但为孩子稍稍提前进行教育，还是值得提倡的，这会促进孩子的发展。在学习过程中，做一些稍难但能解开的题，会有利于学习成绩的提高。

经历将会变为实力

　　从小经历过很多事情的孩子，其接受能力特别强，那是因为在接收新的信息之前，他已掌握了与之相关的很多资料。所以，父母最重要的任务之一就是让孩子的生活丰富多彩。

当然，这并不意味着一定要给孩子买昂贵的玩具，或送孩子参加课外活动、夏令营什么的。通过聘请优秀的老师学习丰富的知识，或参加各种各样的节目来积累经验固然具有非凡的意义，但更重要的是培养孩子勇于挑战新事物的视野与心态。

如果你是为了培养孩子的协作精神而送孩子参加夏令营的话，我们可以换个角度重新思考一下。在自己家的院子里、阳台上或屋子里搭上一个小帐篷，或者与小朋友一起用望远镜观察天空的星星，这些有趣的活动都将会成为新颖、有意义的生活经历，关键是父母为此做了多少努力，想出了多少点子，为孩子创造了多少接受丰富经历的机会。

经历丰富的孩子，可以在原有经验的基础上接受新的经验。而经历过少的孩子，接受新生事物需投入不少的精力，因此学习会成为一种负担。所以才会有教授相同的内容，孩子们的理解程度却各不相同的情况出现。让孩子去观察、去感受、去接触等行为，会为孩子积累丰富的经验，成为能力的源泉。可以说，让孩子尽可能地经历更多的事情，是引导、帮助孩子提高学习成绩的秘诀之一。

因材施教

虽然因人而异，但对于大部分学龄前儿童来讲，如果眼前没有具体的实物摆着，很难凭空进行抽象的思考。也就是说，在学习的过程中，必须看到实物才能便于理解和接受。例如在学习数学加减法时，如果用积木等物品来辅助的话，孩子很快就能学会。千万不要认为大人脑海里展开的画面，孩子也能百分百地吸收。

　　孩子尚未发育成熟，很多事情对他们来讲都属于学习阶段。父母要清楚，自己所讲或所演示的内容也许是孩子出生以来第一次接触的事物，这样才能避免不必要的失误发生。教第一次接触加减符号的孩子加减概念，只靠板书的方式，是再鲁莽不过了。无论是何种经验、何种信息或知识，只有正确了解孩子的年龄特性及发育的阶段性特征，并根据这些特性采取适宜的方法，才能获得相应的效果。

- 为孩子提供相比自身能力稍有难度的教育。
- 孩子尚未做好准备时，请耐心等待。
- 让孩子拥有丰富的经历。
- 请认可即使讲授相同的内容，孩子们的理解结果也会各不相同。
- 利用周围环境，积极地开发能够丰富孩子经历的机会。

学习的基本条件5

反复

有一些孩子特别不擅长记忆，即便再努力地背诵，过会儿就会忘掉；有的孩子即使头一天熬夜学习，第二天拿到试卷时脑海里也是一片空白。这些孩子大部分是因为没有掌握正确的背诵方法，即便背诵了也未准备任何打开记忆的线索，到使用时也是一片茫然。利用这种方法学习，再努力的孩子也只会事倍功半。

具有意义的反复非常重要

若想记住学习过的知识，反复强化记忆是最重要的。但仅靠单一的反复背诵是很难达到要求的，要知道具有特殊意义的记忆才会一直留存，不然很快就会被遗忘。

前不久，我参加了一个古典吉他演奏会。在那里，我看到有一个10岁左右的孩子一只手拉着奶奶，一只手里握着票在找座位。也许为了防止忘记座位号，那个孩子的嘴里不断重复着"A31,A31,A31……"，直至顺利找到座位。

我在怀疑孩子找到座位的一两个小时之后，是否依然还记得那个座位号。可以肯定的是，如果孩子之后不再使用那个号码，那么遗忘的概率会非常高。因为那个号码在寻找座位的过程中是需要的，但找到座位之后就变成失效的信息了。

因此，短暂的记忆若不及时与其他具有特殊意义的信息进行联系，会很容易被遗忘。刚才的小孩，若将"A31"通过"啊，3月1号，我的生日"等方式赋予其意义，就算过了很长时间也不会忘记的。

基础知识要熟练

反复背诵某些内容，直至达到倒背如流的熟悉程度，我们称之为"自动化（automaticity）"。我们在读拼音中的"b、p、m、f"或"a、o、e、i、u"等声母与韵母时，不会一个一个地边想边读，因为那些内容已经在脑海里形成了自动化信息，只要开一个头，后面的就能脱口而出了。因此，在孩子学习过程中，尽快掌握好基础知识并形成自动化，对今后的学习是非常重要的。在上小学前，指导孩子接触拼音、数字、英文字母，在小学阶段背诵九九乘法口诀等并非难事。父母要掌握反复的原理，并根据孩子的准备程度适时进行自动化教育。

- 与孩子擅长的内容进行联系，以强化记忆。
- 与孩子熟悉的内容进行联系，以强化记忆。
- 必要的东西，要反复教孩子。
- 在上小学前，要反复教孩子拼音、数字、英文字母。
- 在小学阶段，要让孩子反复背诵九九乘法口诀。

学习的基本条件6

计划

作为父母，当看到孩子坐在书桌前慢腾腾地制订学习计划时，难免会大声指责孩子在浪费时间。其实这种指责实在是错怪孩子了。不仅仅是对于学习，无论做什么事情，事先做好计划，都是一个非常好的习惯。

即便作为成年人，若想制订某些计划也需要进行一番深思熟虑。例如，去市场购物，提前写好购物清单；为迎接客人，准备各种食物；新年之际，计划未来一年的生活；为了减肥，制订一周的节食计划等，所有的计划都需要有周密的思考。世上没有凭空而出的计划。虽然大脑哪怕只思考一会儿，也要付出很多劳动，但这会对孩子有很大的帮助，学习就是需要在完善的计划下系统地去完成。

只是制订计划，也非常有意义

我的大儿子可以说是制订计划的专家，性格冷静、思维缜密，无论做什么都要事先做好完善的计划。上学时，他曾为自己制订了短期、中长期、长期的学习计划，并很好地完成了。现在又在为自己制订自我开发计划，制订了年、季、月目标，并细分到了一周、一天，乃至每一小时的日程，而且每天入睡前都要彻底地检查一下当天的完成情况。可以肯定的是，这些计划的制订、实施、完成的整个过程为孩子的成长提供了很大的帮助。

当孩子准备制订学习计划时，父母应共同参与，以便所制订的学习计划更加切合实际，更具实现性。孩子制订学习计划，一定是有自己的理由的，而无论是出于本意还是受到了他人的影响，可以肯定的是这个行为一定会有利于提高孩子的学习成绩。而且无论做什么事情，有了明确的目标与方向就很容易达到。哪怕仅仅是一个计划，也会促使孩子端正自己的学习态度，而当孩子认可了计划的必要性时，一定会为完成计划而付出努力。

但是，如果让孩子自己去制订计划，有可能会脱离实际而无法实现，也有可能更有利于孩子的娱乐，所以父母应帮助孩子适当地加以调整。需要注意的是，制订的学习计划不应过于松散，一个紧凑的学习计划才会对学习有大的帮助，而且具有挑战性的计划才会更加激发人们的热情。

年幼的孩子应制订短期计划

其实，诸如"你现在不努力学习，以后就考不上大学了""就这种学习态度，以后还能成功吗？"等批评，根本不能引起孩子的共鸣。对于大脑只能集中于具体的事物，尚未发育到进行抽象、逻辑性思维的孩子来讲，那些都是太遥远的事情，因而孩子听到了只会说"好，那就不去呗"或"等我长大了再学习嘛"，却达不到父母预期的目的。

孩子越小，计划越要具体、细致，而且要在短时间内完成。与小孩子交谈时，也是针对当时、当场的状况谈论，才是最有效的。

· 制订计划要成为习惯化。
· 孩子年幼时，要制订短期计划。

学习的基本条件7
做好自己擅长的事情

有些孩子一到美术课就想逃课,却翘首以盼音乐课的到来;有些孩子一上数学课就眼睛发亮、神情专注,而到需要背诵的语文课时就直打盹儿。要知道,每个孩子所感兴趣的科目是不同的。作为父母一定要明确孩子具有哪些特性,喜欢哪些科目,这是为孩子确定未来发展方向与学习方法的首要条件。

对于孩子的兴趣爱好,父母是最有发言权的。要将父母掌握的相关信息与孩子平日显露出来的爱好、实际的能力等进行综合分析,明确孩子擅长的类型,喜欢的种类,才能将孩子培养成为成绩优秀的孩子。

每个孩子擅长的领域都有所不同

美国哈佛大学加德纳教授曾提出过人类智能新概念——"多元智能"理论。据介绍,人类的智能不能简单地评价为"高"或"低",每个人都有自己擅长的领域,所以评价一个人智能的高低,应该根据其在相应领域里的能力或成就。通常意义上,如果一个孩子只擅长体育,而学习一塌糊涂,人们就不会将其评价为聪明的孩子。而多元智能理论表示,这样的孩子在体育方面是特别聪明的孩子。也就是说,擅长美术的孩子,在美术方面特别聪明;擅长演讲的孩子,在语言方面特别有天赋。从这一观点上来看,世上没有不聪明的人,因为无论是谁都有自己擅长的一两项。

加德纳教授提出的有关智能的接近法,在"智能与评价孩子"的领域里创立了新观点与新标准。父母不应再像从前那样仅凭语言表达能力或数学理解能力来评价孩子的智能,而是要承认无论哪个孩子在自己擅长的领域里都是聪明的孩子。这种接近法可以提高父母对孩子的期望值,进行积极培养。如此重新审视孩子,有助于发觉孩子的才能,确定孩子未来的发展方向。

适合别的孩子的方法,不一定适合我的孩子

每个人都有自己独有的特征,例如肤色、发型、体形、身高、体重、爱好、气质等都各自不同,因而适合每个人的衣服也各不相同。穿在别人身上的漂亮、新潮的衣服,也许并不适合自己。同样,自己喜欢、欣赏的风格,也不见得适合别人。但即便每个人的特征各不相同,对衣服的基本要求还是一致的。廉价的布料、粗糙的作工、过于另类的服装设计或颜色、太过老土的款式还是要尽量避开。衣料质地要不错,作工要精细,要有品位,上档次,穿着舒适,这些都是好衣服必备的条件,也是选衣服的基本要求。

孩子的学习亦是如此。学习方法要选择适合自己的,但最基本的要求却是适用于任何人的。无条件地效仿适合别人的学习方法,与盲目地穿上别人

身上漂亮的衣服并无区别。如同再好的衣服不适合自己就毫无用处一样，再合理的学习方法，不适合自己，也丝毫起不了作用。

但是，也不能一味地固守自己的风格而忽视了学习的基本原理。我们现在所讲的基本学习原理与条件，是适用于任何人的最基础性的东西，所有的学习方法都应在它的基础上实现。这就是说，基本的原理要坚守，但在具体实施上要灵活选用适合自己孩子的方法。

对具体项目充满自信的孩子，学习成绩优秀

我长年从事教育工作，遇到过各种各样性格与背景的学生。其中充满自信的学生总能引起老师的注意，如果问这些学生考试准备得怎么样了，他们总会吹嘘早已准备完善。考试成绩表明，这些孩子的成绩往往达不到老师的期望值。

学得多、学得好的孩子，大都能比较准确地知道自己擅长、不擅长以及尚需努力的部分。学得少或无法正确评价自己的孩子，因不清楚自己薄弱的、不足的部分，反而会说大话。而且很多研究结果表明，这种盲目的自信与学习实力并无关系。学习好的首要条件，就是能冷静地判断出自己的强弱项和优缺点。

此外，若想学习好，与其笼统地评价自己"我学习不错"，不如有"语文是我最自信的科目，所以语文考试我总能考得很棒"等具体的自信感。对于具体科目充满自信与孩子的成绩是密切相关的，所以相信自己语文很棒的孩子，其语文成绩可能会更好。同理，若期望孩子所有科目都学得好，就要引导孩子在各科上培养具体的自信感。

在学习自己所喜欢的科目时，孩子会运用自己特有的学习方法。因为喜欢，所以会努力去学好。而如果孩子将这个学习方法运用到其他不太感兴趣的科目上，同样也能达到提高学习效率的目的。

- 要让孩子尽情地去做自己喜欢的事情。
- 培养孩子的爱好。
- 要用心找出孩子擅长的东西。
- 经常鼓励孩子，以培养其对各科科目的具体的自信感。
- 选出一科最棒的科目，用这种自信来带动其他科目。

学习的基本条件8

时间

提到"时间",人们很容易会觉得没什么特别的。因为时间就像空气一样,无时不在、无处不在。一天24小时、1440分钟、86400秒,这庞大的时间无需我们努力去寻找,自己就会准时到来。而时间既是孩子提高学习成绩的核心要素,也是失败的根本原因。正如"学习就是在抢时间",如何有效利用有限的时间,是可以决定孩子未来的极其关键的事情。

没有时间时,可以让孩子先做复习

孩子很少有学习时间充裕的时候,总觉得时间不够用。"如果还有点儿时间,可以再看一眼总结笔记后进入考场的""如果再有点儿时间,作业就做完了""如果时间再多点儿,就能多检查一遍那道题,也许就能做对了"等,因为时间不足而引起的遗憾不计其数。

因此,在有限的时间里要完成大量的功课时,孩子要学会灵活地选择与投入。尤其在指导孩子学习时，预习与复习都是非常重要的环节，如果时间确实不充裕，让孩子复习已学过的知识，将已学过的内容牢牢掌握是最佳的选择。预习是在掌握了前一单元知识的前提下进行的，所以若没有进行充分复习，那么在预习的过程中就会感到非常困难。

分段学习能提高效率的理由

在教孩子学习时，将孩子需要掌握的内容一次少量地重复教育是最为有效的方法。若一次灌输太多的知识，会给孩子的大脑造成负荷。大脑虽然可以储存无限量的信息，但一次有效处理并进行储存的能力是有限的。尤其在孩子还小的时候，大脑尚处于发育阶段，自然更会有限制了。

其他的都可以精简，唯独睡眠时间不可减少

学习不太好的孩子，其实没有掌握有效的学习方法。临考试了才通宵复习，在上课时间却困得直打瞌睡，这样的孩子往往不会有效地利用时间，也不知道正确的学习方法，以致于把自己弄得狼狈不堪，成绩却不见有提高。要知道，他们是在背道而驰啊。

如前所述，只有充分的睡眠，才能取得良好的成绩。这一观点也许让大家理解起来会有些茫然。其实，当年我学习时间严重不足时，也曾认为减少睡眠时间是唯一的方法，结果让自己总是处于睡眠不足的状态。

如果当时我了解了睡眠的重要性，就不会做出那种"以减少睡眠时间来增加学习时间"的傻事了。睡眠可以让大脑得以休息，保持清醒的状态。近年来，许多学者对睡眠与大脑活动的关联性进行了研究。据研究结果表明，睡眠不足的人，哪怕少睡一个小时，大脑对外界产生反应所需要的时间要比睡眠充足的人长，而且反应不明确，反应速度也比较慢。即睡眠不足，大脑就会变得迟钝，学习效率也因此降低。

因而，千万不要强迫孩子减少睡眠时间，以求增加学习时间。如果学习时间实在是很紧张，那么可以考虑减少睡眠以外的其他某些环节。学龄儿童更需要充足的睡眠，以促进身体成长激素的分泌，这样孩子才会健康地成长。请记住，对这一阶段的孩子来讲，睡眠质量就是成长质量，就是学习质量。

- 时间不够充裕时，让孩子选择复习。
- 孩子需掌握的内容要一次少量、多次重复地学习。
- 不要一味地减少睡眠时间，将有限的时间更有效地利用。

学习的基本条件9

解决问题的能力

孩子做题时不够安分，父母却粗心地以为孩子自己可以应付，于是放手不管，这就是父母的失职了。孩子之所以这样，并不是因为讨厌做题，也不是因为无法集中注意力，心思在别处，而是不知道要怎么解决问题。通常，在遇到问题时，孩子就算是知道自己做得不对，也不懂得立即停止，更不知道纠正的方法。所以，当发现孩子身上出现问题时，父母应该伸出手，牵起孩子小手一起寻找解决的方法，一起考证方案，将是非问题给孩子充分讲解后，再慢慢让孩子自己承担起来。这就是俄罗斯学者维果茨基(Lev S. Vygotsky)所提出的支架式教学理论。

解决问题的5步训练

自控，仅仅依靠自己的力量是不够的，尤其对小孩子来说，这简直是过分的要求。"还不快点去学习？""你整天就知道看电视？"这种唠叨根本没什么用。想让孩子解决问题，父母需要帮孩子找出解决的方法，并耐心讲解给孩子听，让孩子充分理解，最好是通过以下5步骤反复进行训练。

1. 认真思考当前面临的问题是什么，并找出答案。
2. 认真思考其问题的核心是什么。
3. 思考解决问题的方法。
4. 尝试应用解决方法。
5. 检验尝试的结果。

孩子经常进行这种训练后，再遇到问题时，就不会盲目冲动，像个无头苍蝇一样四处乱撞，他会先停下来，充分考虑解决问题的最佳方法再行动。不要小看这段短暂的思考时间，正是这种懂得先思考的态度，往往会给孩子带来全新的变化。

反复进行富有现实意义的实战训练

善于解决问题的孩子，在遇到困难时，不仅能够快速把握问题的本质，还懂得制订计划并迅速解决问题，甚至在进展顺利或遇到挫折时，懂得深思熟虑。相反，缺乏这方面训练的孩子，不仅无法准确把握问题的本质，解决问题的能力也相当低，而且做事没有计划、盲目乱撞。

孩子解决问题的能力，靠抽象的故事或者空泛的例子很难改善。想要让孩子学会解决问题的有效方法，就应该反复加以具体、富有现实意义的训练。例如，全家打算一起去旅游时，让孩子来制订计划，并且在旅游归来后，让孩子向大家总结一下旅行的结果。

如果按照前面所提示的5步，孩子应该怎么解决这个课题呢？

第一步：孩子眼前面临的问题是，首先要弄清自己已经担负起了为全家制订旅游计划的任务，即用一定的费用，去海边进行两天三夜的旅游。

第二步：让孩子意识到问题的核心是，这次旅游不是随便去个地方就可以，而是要合理安排计划，让全家既能节省费用，又能度过安全而愉快的旅行。

第三步：孩子可能会想出各种解决方法。他可能会给每个家庭成员布置任务（例如，爸爸开车、妈妈准备食物、姐姐负责了解旅游目的地的历史资料、哥哥则负责打听旅游地有哪些项目可以玩得尽兴），也可以自己一个人制订好全部计划之后，再向家庭成员们进行通报。无论孩子选择哪种方式，都要对其中可行的方案进行认真的检验，从中找出最适合的方法辅助行动，这个过程才是最重要的。

第四步：按照孩子制订的计划，全家出去旅游。

第五步：旅行归来后，检讨一下旅游结果，并且针对需要改善的部分，全家一起交流意见。让孩子在这个过程中学习和成长。

通过这种体验，让孩子逐渐掌握制订计划、解决问题、检讨结果的能力。

- 耐心地给孩子讲解解决问题的方法。
- 教孩子学会分步骤解决问题的方法。
- 通过具体、富有现实意义的事例，为孩子培养解决问题的能力。

特别提示

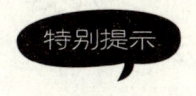

引导孩子学习的方法概要

　　为了让孩子学得灵活,就必须明确告诉孩子什么办法好,以及好在哪里,最好举一个使用这个方法成功的实例。而且,在孩子熟悉新方法的过程中,要时刻给予反馈,确认孩子是否做得足够好,从而把孩子引向正确的方向。下面整理了几条引导孩子学习的方法,供大家参考。

了解孩子才能成功

- 从孩子感兴趣的东西开始
- 从孩子的需求着手,刺激孩子的学习欲望
- 重新审视孩子所了解的东西
- 让孩子了解已知和未知的部分,并引导他改正

只选适合孩子的有效方法

- 从一小步开始迈进
- 切勿一次接触过多的知识量,以免给大脑带来疲劳
- 把所有背诵的内容,与一些有趣的事情联系起来
- 预习是在自己已知的基础上增加新的内容,而复习则是将已学的内容转变为自己的知识

让孩子快乐地学习
- 不要轻视孩子
- 提高对孩子的期望值,让孩子充满自信
- 引导孩子坦然接受必须背诵、必须学习的必要性
- 凡事在做决定时,要充分尊重孩子的意见,并且给孩子选择的余地
- 让孩子看到只要努力就能提升能力,切不要与其他孩子进行比较
- 为孩子提供具体的实例,让孩子能够切实感受到自己正在一步步提高